ROSI HARRER-FEICHTINGER

Brot & Gebäck
selbst backen

Österreichischer Agrarverlag

Inhalt

Selbst gebackenes Brot – eine Spezialität!

Brot ist ein wichtiges Grundnahrungsmittel. Es vergeht kaum ein Tag, an dem wir nicht ein Stück Brot oder Gebäck zu uns nehmen. Das Wort „Brot" wird oft auch im übertragenen Sinn für das Wort „Nahrung" verwendet.

Brot ist ein Produkt aus gemahlenem Getreide, also ein Gebäck, das aus Mehlen hergestellt wird, mit einer feinen, gebräunten Kruste, die eine weiche, gelockerte, von vielen Poren durchsetzte Krume umschließt.

Das Brotbacken setzt bestimmte **Grundkenntnisse** über

- die Getreidearten und die entsprechenden Mehle,
- die Anwendung der Teiglockerungsmittel,
- die Teigbereitung und Teigausarbeitung sowie
- das Backen voraus.

Ist das Selberbacken von Brot heute noch oder wieder aktuell? Diese Frage kann man durchaus bejahen.

Viele Hausfrauen bzw. Bäuerinnen, die den Mehraufwand nicht scheuen, haben im Selber-Brotbacken ein neues Hobby gefunden. Dieser Trend lässt sich nicht nur im ländlichen Raum, sondern auch in den Städten immer mehr feststellen.

Erstellt man einen Speiseplan, so ist vor allem auf Abwechslung zu achten, die für die menschliche Ernährung eine besonders wichtige Grundregel ist. Dies kann auch auf das Brotbacken übertragen werden, indem man für bestimmte Anlässe verschiedene Brotsorten selber bäckt.

Besonders in ländlichen Fremdenverkehrsgebieten ist selbergebackenes Brot eine allseits begehrte Spezialität, die dem Bäckereierzeugnis vorgezogen wird.

Ist Selberbacken wirtschaftlich?

Wenn man Brot selber bäckt, sollte sich diese zusätzliche Arbeit bezahlt machen. Fazit: Durch überlegten Einkauf der Zutaten kann die Rentabilität wesentlich erhöht werden. So lohnt sich vor allem bei Gewürzen der Einkauf größerer Mengen, wie ein Beispiel aus der Praxis beweist:

Für 100 g Kümmel werden etwa € 3 verlangt, was einem Kilopreis von etwa € 30 entspricht. Im selben Geschäft kostet die 1/4-kg-Packung etwa € 2, womit sich obiger Kilopreis fast auf 1 Viertel reduziert.

Nicht selten wird in einem bäuerlichen Betrieb das gesamte Getreide verfüttert und das Mehl zugekauft. Dem kann man abhelfen, indem man das eigene Getreide zumindest teilweise zur Herstellung von Vollkornbrot verwendet.

Weitere Grundsätze der Rentabilität sind rationales Arbeiten sowie vor allem gezielter Energieeinsatz.

Berechnungen, die nach den Kosten von Zutaten, Arbeitszeit, Amortisation der Geräte sowie dem Energieverbrauch erstellt sind, brachten folgendes globales Ergebnis:

- Spezialbrote können im eigenen Haushalt meist billiger hergestellt werden,

- Roggenbrot und Mischbrot unterscheiden sich im Preis kaum von gewerblich erzeugtem Brot. Allerdings sollte man dabei die Möglichkeit der individuell unterschiedlichen Herstellung berücksichtigen und die persönliche Initiative der Hausfrau mitbewerten.

Wissenswertes rund um das Mehl

Die Qualität des Brotes hängt nicht nur von der Teigbereitung und vom Backen ab. Eine große Rolle spielt auch die Güte des Mehles, die wiederum aus der Qualität des Getreides resultiert. Wenn hochwertiges Brotgetreide erzeugt werden soll, müssen auch Anbau, Pflege, Ernte und Lagerung den Anforderungen entsprechend geplant und sorgfältig durchgeführt werden. Auch die Düngemittel sollte man nicht wahllos einsetzen.

Heute wird fast ausschließlich mit dem Mähdrescher gedroschen, was zwar eine wesentliche Arbeitserleichterung, aber auch einige Nachteile mit sich bringt. Denn beim Dreschen fallen Stroh, Spreu und Unkrautsamen direkt auf den Ackerboden. Wohl wird das Stroh eingebracht, aber die Unkrautsamen bleiben auf dem Feld liegen. Somit ist die Unkrautbekämpfung im Getreidebau zu einer dringenden Notwendigkeit geworden, da ungehemmter Unkrautwuchs den Ernteertrag erheblich mindert. Um dem vorzubeugen, wird das Unkraut mit Bekämpfungsmitteln (Herbiziden) vorsichtig und wohl dosiert behandelt.

Nach einem Regen wird mit dem Dreschen nicht immer so lang gewartet, bis die Getreideähren wirklich trocken sind, was oft zu muffigem Getreide führt. Dazu kommt noch, dass Überdüngung, starker Wind und Regen eine vorzeitige Lagerung, also ein Umsinken der kopflastigen Getreidepflanzen, bewirken. Dadurch wird die Ernte erschwert und der Ertrag verringert. Hier könnte mit einer Spritzung eines CCC-hältigen Mittels vorgebeugt werden, welches den Halmwuchs einschränkt und gleichzeitig eine halmverstärkende Wirkung hat.

Brot kann entweder nur aus einer Getreideart, zum Beispiel nur aus Roggen oder nur aus Weizen oder auch aus mehreren Getreidearten hergestellt werden. Werden zwei oder mehrere Getreidearten zu einem Brotteig vermischt, wird dieses Brot noch bekömmlicher, denn Geschmack und gesundheitlicher Wert werden dadurch positiv beeinflusst.

Über die Verarbeitung von Brotgetreide

Wer das Brotbacken als ernstzunehmendes Hobby betrachtet, sollte auch über **die verschiedenen Brotgetreidearten, die daraus gewonnenen Mehle und deren Weiterverarbeitung** Bescheid wissen.

Weizen

Unser heutiger Weizen ist aus Wildformen gezüchtet. Früher kannte man bei uns nur Getreidearten, die dunkles Mehl lieferten. Weizen hat einen hohen Klebergehalt, worauf die gute Backfähigkeit zurückzuführen ist. Aus diesem Grund wird Weizen auch vorwiegend für Brot- und Backwaren verwendet. Bei Hartweizen ist der Klebergehalt besonders hoch und er wird daher zur Herstellung von Nudeln und ähnlichen Teigwaren besonders bevorzugt. Weizen ist reich an Vitaminen (B1, B2, B6 und Karotin) sowie Mineralstoffen (Kalium, Phosphor und Magnesium).

Roggen

Roggen stammt vom Bergroggen (Wildform) ab und gedeiht auch noch in Gebirgsgegenden und in nördlichen Ländern, wo kein Weizen mehr wächst. Da er nur einen geringen Klebergehalt aufweist, ist die Backfähigkeit eher als schlecht zu bezeichnen. Deshalb wird dem Roggenmehl ein bestimmter Anteil Weizen hinzugefügt, um die Verarbeitungsfähigkeit zu verbessern.
Auch im Roggenkorn findet man reichlich B-Vitamine und Mineralstoffe. Je höher der Roggenanteil im Brot ist, umso dunkler wird das Brot. Roggen und Weizen sind jene Brotgetreidearten, die am häufigsten zur Herstellung von Backwaren verwendet werden.

Hafer

Hafer gedeiht auch in Gegenden mit kühlerem Klima sowie auf minderwertigen Böden und zeichnet sich durch einen hohen Nährwert aus. Er wird für Mischbrote (zum Beispiel Sechskornbrot) verwendet und ist reich an Vitaminen (B1, B2, B6, E und Biotin) sowie Zellulose. Empfehlenswert ist Nackthafer, eine spelzenlose Hafersorte aus China, die noch mehr Eiweiß, Fett und Vitamin B1 enthält.

Gerste

Bei dieser Getreideart handelt es sich um eine sehr alte Kulturpflanze. Gerstenbrot (Fladenbrot) und Gerstenbrei waren lange Zeit ein wesentlicher Bestandteil der Ernährung unserer Vorfahren. Auch Gerste eignet sich zur Anreicherung von Mischbroten.

Dinkel

Aus dieser Getreideart ist unser heutiger Kulturweizen entstanden. Dinkel wurde in Österreich bis zu Beginn unseres Jahrhunderts in größeren Mengen angebaut. Da Dinkel im Ertrag sehr ungleichmäßig ist, hat ihn die moderne Pflanzenzüchtung fast vergessen. Heute schätzt man ihn aber besonders wegen seines gesundheitlichen Wertes. Er ist eiweißreich und weist einen hohen Gehalt an ungesättigten Fettsäuren, Vitaminen und Mineralstoffen auf.
Dinkel wird ähnlich wie Weizen verarbeitet. Durch den hohen Klebergehalt hat er eine gute Backfähigkeit und es lässt sich aus dieser Getreideart vorzügliches Brot und Gebäck herstellen. Dinkel kann beim Backen von Brot und Gebäck auch an Stelle von Weizen verwendet werden.

Roggen

Weizen

Gerste

Nackthafer

Die wichtigsten Getreidearten zur Herstellung von Brot und Gebäck.

Mais

Buchweizen

Leinsamen

Dinkel

Auch das Mehl von Mais und Buchweizen wird zur Erzeugung von Backwaren verwendet, während Leinsamen als ganzes Korn oder geschrotet einen Spezialzusatz darstellt.

Über Mühlen und Mehlsorten

Das Getreide wird hauptsächlich in den Müllereien vermahlen. Man unterscheidet zwischen Hoch-, Flach- und Vollkornmüllerei. Vor dem Mahlen wird das Getreide gereinigt, wobei Staub, Schmutz, Spreu, Fremdkörper und Unkrautsamen entfernt werden.

In der **Hochmüllerei** wird das geschälte und entspitzte Getreidekorn in mehreren Mahlvorgängen zwischen immer enger gestellten Walzen vermahlen und die Kleie zwischendurch ausgesiebt. Zum Schluss bleibt das weiße Mehl übrig. Auf diese Art werden vor allem Weizen und Roggen verarbeitet. Endprodukte der Hochmüllerei sind grober und feiner Schrot, grober und feiner Grieß, doppelgriffiges, griffiges und glattes Mehl.

Im Gegensatz zur Hochmüllerei werden in der **Flachmüllerei** die geschälten und entspitzten Getreidekörner in einem Arbeitsgang vermahlen und es entstehen dunkle Mehle. Diese Methode wird für die Erzeugung von Brot- und Spezialmehlen angewendet und ist auch in Haushalten gebräuchlich.

Bau- und Inhaltsstoffe des Getreidekornes

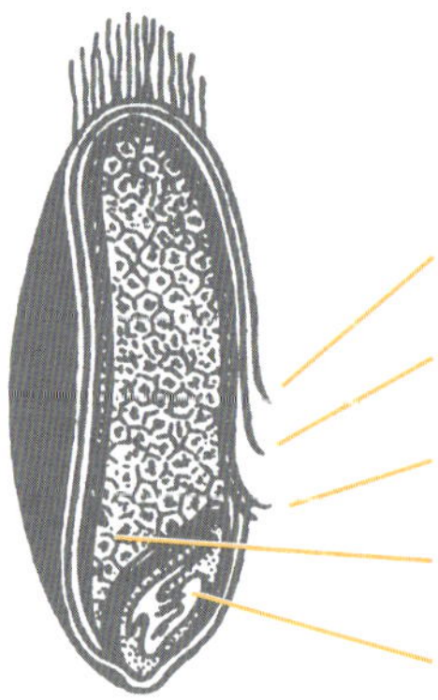

Die **Vollkornmüllerei** hat in letzter Zeit wieder an Bedeutung gewonnen. Hier wird das ganze Getreidekorn einschließlich Randschichten und Keimling verarbeitet, was zu grobem und feinem Vollkornschrot und Vollkornmehl als Endprodukt führt.

Beim Mehl unterscheidet man grundsätzlich zwischen:

Auszugsmehl

Es enthält vom Getreidekorn **nur den Mehlkörper**; die Randschichten (Fruchtschale, Samenschale und Aleuronschichte) sowie der Keimling fehlen.

Weizenmehl mit Weizenkeimen

Dieses Mehl enthält **neben dem Mehlkörper auch Weizenkeim** mit seinen wertvollen Vitalstoffen. Durch die feine Vermahlung des Keims bleibt das Mehl dennoch weiß. Die Backwerke können in gewohnter Art und Weise zubereitet werden.

Vollkornmehl

Hier wird das **gesamte Getreidekorn einschließlich Randschichten und Keimling** vermahlen.

Auszugsmehle und Vollkornmehle sind in allen Lebensmittelgeschäften erhältlich. Sie bilden den Hauptbestandteil unserer handelsüblichen Mehle. Vielfach wird heute noch die Meinung vertreten, Mehl sei umso besser und gesünder, je feiner es gemahlen ist.
Diese Ansicht ist jedoch falsch und nur historisch erklärbar, denn einst waren Mühle und Bäckerei in einem Betrieb vereinigt. Das Vollkornmehl wurde gemahlen und sofort weiterverarbeitet. Später jedoch entwickelte sich die Müllerei zu einem eigenen Gewerbezweig und das Mehl musste daher auch gelagert werden. Vollkornmehl ist aber nicht lange haltbar, weil es durch die Öle, die es enthält, rasch ranzig und ungenießbar wird. Unter Zutritt von Luftsauerstoff oxydiert der Keimling, weshalb er entfernt werden muss. Dies geschieht einfach durch Aus-

sieben, weil beim Mahlen der Mehlkörper zu feinem Staub zerfällt, Randschichten und Keimling hingegen auf Grund ihrer zäheren Struktur grobflockig bleiben. Auszugsmehle sind somit haltbar und können gelagert werden, ohne zu verderben. Allerdings gehen auf diese Weise auch die Vitamine, Mineralstoffe und Ballaststoffe verloren, die sich vorwiegend in den Randschichten und im Keimling des Getreidekornes befinden.

Wie beurteilt man das Mehl?

Die Beurteilung des Mehles kann nach verschiedenen Gesichtspunkten erfolgen:

Nach dem Ausmahlungsgrad

Dieser gibt an, wie viel vom ursprünglichen Getreidekorn in der Mehlsorte enthalten ist. Vollkornschrot bzw. Vollkornmehl ist zu 100 %, ein Auszugsmehl zu 30 bis 40 % ausgemahlen. Der Ausmahlungsgrad lässt sich daher leicht nach der Farbe bestimmen. Je heller das Mehl ist, umso höher ausgemahlen ist es und umso geringer ist der Anteil an Randschichten und Keimlingen.

Nach den Mehltypen

Für das Mehl wurde eine eigene Typenbezeichnung geschaffen, die in Zahlen ausgedrückt wird. Diese Zahl hat einen direkten Bezug zum Mineralstoffgehalt im Mehl. Sie gibt die Menge an Mineralstoffen in Milligramm an, die in 100 g Trockensubstanz des Mehles enthalten sind. Wie bereits oben erwähnt, sind helle Mehle mineralstoffärmer und haben somit eine niedrigere Typenzahl.

Handelsübliche Mehlsorten in Österreich

WEIZENMEHLE	
Type 480	Haushaltsmehl. Ohne Randschichten und Keimling.
Type 700 glatt, griffig	Haushaltsmehl. Zum Brotbacken im Haushalt gut geeignet.
Type 1600	Weizenbrotmehl.

ROGGENMEHLE

Type 500	Weißroggenmehl. Ohne Randschichten und Keimling. Für helles Roggenbrot.
Type 960	Geringer Anteil an Randschichten. Brotmehl.
Type 2500	Schwarzroggenmehl. Hoher Anteil an Randschichten. Für dunkles Roggenbrot, Lebkuchen.

SCHROTE

Weizen-Graham	Ganze Weizenkörner, fein geschrotet bzw. gequetscht.
Roggenschrot grob	Ganze Roggenkörner, grob geschrotet.
Roggenschrot fein	Ganze Roggenkörner, fein geschrotet.

VOLLKORNMEHLE

Roggen, Weizen oder Dinkel	Ganze Getreidekörner, vermahlen.

Handelsübliche Mehlsorten in Deutschland

Auch in Deutschland geben die Typenbezeichnungen den Mineralstoffgehalt in Milligramm pro 100 g Mehl an. Je höher die Typenzahl, desto dunkler ist das Mehl und desto höher der Anteil an Mineralstoffen, Vitaminen und Ballaststoffen.

WEIZENMEHLE

Type 405	Auszugsmehl. Feines, weißes Weizenmehl mit geringem Mineralstoff- und hohem Stärkegehalt. Am längsten haltbar. Geeignet für Kleingebäck und Kuchen.
Type 1050	Dunkler als Type 405. Mehr Randschichten des Korns vermahlen. Anteil an Mineralstoffen, Vitaminen und Eiweißgehalt höher. Am häufigsten zum Brotbacken verwendet.
Type 1700	Auch Vollmehl genannt. Enhält fast alle Inhaltsstoffe des Weizenkorns. Für Vollkornbackwaren geeignet.

ROGGENMEHLE

Type 1150	Geringer Nährwert. Wenig Mineralstoffe, Ballaststoffe und Vitamine. Für helles Brot geeignet.
Type 1370	Höherer Anteil an Mineralstoffen, Ballaststoffen und Vitaminen. Für dunkles, kräftiges Brot geeignet.
Type 1800	Hoher Anteil an Mineralstoffen, Ballaststoffen und Vitaminen. Für Vollkornbrot geeignet.

VOLLKORNMEHLE

Hier gibt es keine Typenbezeichnung. Bei Vollkornmehl werden alle Teile des Korns vermahlen. Wird das Korn grob gemahlen, spricht man von Schrot, ansonsten von Mehl.

Nach dem Nährstoffgehalt

Mehle mit niedriger Typenzahl sind reich an Stärke und Kleber. Sie enthalten aber wenig Vitamine und Mineralstoffe.

Vollkornmehl enthält außer Stärke und Kleber auch noch lebenswichtige Stoffe wie Mineralstoffe, Vitamine und Zellulose. Produkte aus Vollkornmehl regen die Verdauung und den Zellstoffwechsel an und tragen dazu bei, dass ernährungsbedingte Zivilisationskrankheiten vermieden werden.

Mühlen für den Hausgebrauch

Wenn Brot aus Vollkornmehl oder Vollkornschrot gebacken wird, so sollte beides immer nur frisch gemahlen verwendet werden. Schon vor längerer Zeit gemahlenes Vollkornmehl hat die wertvollen Wirkstoffe und Vitamine verloren. Nach ca. 6 Wochen Lagerung entspricht deren Anteil dem eines Auszugsmehles. Außerdem können bei lange gelagertem Vollkornmehl durch die Oxydation auch Schadstoffe entstehen, wie bereits ausführlich dargestellt wurde. Daher wäre es empfehlenswert, eine eigene Getreidemühle anzuschaffen, wenn keine Möglichkeit besteht, frisch gemahlenes Vollkornmehl zu beziehen. Die Anschaffung einer Getreidemühle ist ja letztlich auch eine Kosten- bzw. Rentabilitätsfrage. Wird Vollkornmehl nur selten verarbeitet, wäre es unwirtschaftlich, dafür eine eigene Mühle zu kaufen. Wird es aber auch beim Kochen und Backen von Mehlspeisen anstelle von Auszugsmehl verwendet, würde dies den Erwerb einer solchen Mühle schon eher rechtfertigen.

Der Markt bietet ein reichhaltiges Angebot an Haushaltsgetreidemühlen, die je nach Ausführung, Mahlleistung und Größe ebenso unterschiedliche Preise aufweisen.

Handbetriebene Mühlen

Diese werden am Tisch angeschraubt oder mit einer Ansaugvorrichtung auf der Tischplatte befestigt. Gedreht wird mit einer Kurbel. Handgetriebene Mühlen können mit Mahlsteinen oder mit Metallscheiben ausgestattet sein. Pro Minute können damit ca. 20 bis 80 g Getreide fein gemahlen bzw. geschrotet werden. Da das Mahlen von feinem Vollkornmehl kraft- und zeitraubend ist, sind diese Arten von Mühlen zur Herstellung größerer Mehlmengen eher ungeeignet.

Mahlaufsätze zu Küchenmaschinen

Zu den meisten Küchenmotoren gibt es auch dazupassende Mahlaufsätze (z. B. von Bosch, Bauknecht, Moulinex, Jupiter und Kenwood). Durch die unterschiedliche Verwendbarkeit wird der Ankauf eines Küchenmotors – vor allem für den bäuerlichen Haushalt – noch interessanter.
Mahlaufsätze zu den Küchenmaschinen können mit Metallscheiben oder mit Steinen ausgestattet sein. Die Mahlleistung ist bei den meisten Aufsatzgeräten eher gering und erfordert bei der Herstellung größerer Mehlmengen ebenfalls viel Zeit.

Elektrische Haushaltsmühlen

Der Markt bietet ein breit gefächertes Angebot an elektrisch betriebenen Haushaltsmühlen mit unterschiedlicher Mahlleistung. Sie sind mit Steinen aus Natur- oder Kunststein oder mit Metallscheiben ausgestattet. Ebenso gibt es bereits steinähnliche, aus Hartplastik gefertigte Mahlsteine. Während man Steinmühlen nur zur Verarbeitung von Getreide verwenden kann, eignen sich Mühlen mit Metallscheiben zusätzlich bei Grobeinstellung auch zum Mahlen von Gewürzen und Leinsamen.

In Steinmühlen wird das Getreidekorn schonender gemahlen und man erhält feines Mehl. Bei Mühlen mit Metallscheiben hingegen hat das Mehl selbst bei der feinsten Einstellung noch eine grießähnliche Beschaffenheit.

Werden Vollkornmehl und Vollkornschrot häufig hergestellt, so ist die Anschaffung einer Mühle mit entsprechender Mahlleistung anzuraten.

Man soll sich auch mehrere Modelle vorführen lassen und erst dann seine Wahl treffen. Will man sehr feines Vollkornmehl erzeugen, wie es für das Backen von Mehlspeisen benötigt wird, ist eine Steinmühle sicherlich vorzuziehen.

… und noch ein paar Tipps!

Das zu verarbeitende Getreide muss **einwandfrei und trocken** sein, da sonst die Mahlsteine verkleben bzw. die Mühle verstopft wird.

Feuchtigkeitstest: Getreide zwischen zwei harten Gegenständen zerdrücken. Feuchtes Getreide lässt sich ohne zu knacken haferflockenartig flachdrücken. Gegebenenfalls muss das Getreide nachgetrocknet werden.

Steinmühlen bei der feinsten Einstellung nie leerlaufen lassen, da sonst die Mahlsteine abgenützt werden.

Die Mühle soll in einem trockenen, gleichmäßig warmen Raum aufgestellt sein.

Die **Bedienungsanleitung** für die Mühle ist genau zu lesen und zu beachten.

Der Brotteig

Welche Zutaten gibt man zum Mehl?

Teiglockerungsmittel

Zur Brotbereitung benötigt man außer Mehl, Gewürzen und Flüssigkeit vor allem Teiglockerungsmittel, die den Teig aufgehen lassen. Sauerteig und Hefe sind als Teiglockerungsmittel bereits lange bekannt. Durch sie wird das Brot flaumig und somit bekömmlicher und leichter verdaulich. Für manche Spezialbrote kann auch Backpulver als Lockerungsmittel verwendet werden.

Sauerteig

Sauerteig verleiht dem Brot einen **säuerlichen, erfrischenden Geschmack** und **verhindert ein vorzeitiges Austrocknen**, wie es beispielsweise beim Hefebrot der Fall ist.

Will man den Sauerteig nicht beim Bäcker besorgen, sondern selbst ansetzen, empfiehlt sich folgendes Rezept:

Sauerteig für ca. 2,5 kg Mehl

Zutaten: *1/4 l lauwarmes Wasser, 20 g Hefe, 1 Teelöffel Zucker, 120 g Weizenmehl.*

Zubereitung: *Hefe und Zucker in Wasser auflösen und das Mehl klumpenfrei einrühren. Diesen Brei mit einem Geschirrtuch zudecken und 24 bis 48 Stunden bei Zimmertemperatur stehen lassen. Nach 24 Stunden kann der Sauerteig bereits verwendet werden, sein volles Aroma hat er aber erst nach 48 Stunden erreicht. Da die Masse ziemlich stark aufgeht, muss die Schüssel entsprechend groß sein.*

Im Gegensatz zum nachfolgend beschriebenen Sauerteig ist dieser flüssig, in der Wirkung jedoch gleich.

Eine andere Art der Sauerteigzubereitung besteht darin, einen Teil des bereits fertigen Brotteiges aufzuheben und sauer werden zu lassen. Für kurze Zeit – bis zu drei Wochen – kann er an einem kühlen Ort (Kühlschrank oder Vorratskammer) aufbewahrt werden.

Noch besser ist es, für nur fallweises Brotbacken den Sauerteig tiefzukühlen. Vorerst lässt man den Brotteig leicht sauer werden, indem man ihn ungefähr eine Woche lang an einem kühlen Ort lagert. Anschließend wird er eingefroren. Will man tiefgekühlten Sauerteig verwenden, nimmt man ihn einen Tag vor dem Brotbacken aus der Tiefkühltruhe, lässt ihn auftauen und verarbeitet ihn dann wie frischen Sauerteig.

Verwendet man Sauerteig als Teiglockerungsmittel, so erfolgt einige Stunden vorher – oder besser noch am Vorabend des Brotbackens – das Eindampfeln. Dabei löst man den Sauerteig in lauwarmem Wasser klumpenfrei auf oder weicht ihn bereits einige Stunden vorher in Wasser auf. Dann rührt man in das Sauerteig-Wasser-Gemisch so viel Mehl ein, dass ein dickflüssiger Brei entsteht.

Hefe

In Verbindung mit Flüssigkeit und unter Beigabe von Zucker teilen sich Hefepilze (Spaltpilze) bei entsprechender Temperatur immer wieder. Dabei entsteht Kohlendioxyd, das den Teig lockert und treibt.

Hefe ist als frische Hefe (abgepackt zu Würfeln mit 40 g oder in größerer Menge zu 1/2 kg) und als Trockenhefe im Handel erhältlich. Frischhefe ist hellgrau bis hellgelb und bricht in muschelförmige Stücke, zeigt keine Risse und keine bräunlichen Flecken. **Ausgetrocknete Hefe ist hart, rissig und stellenweise dunkel gefärbt und hat ihre Treibkraft weitgehend verloren.**

Kurzfristig kann Hefe im Kühlschrank aufbewahrt werden. Die Konservierung für längere Zeit erfolgt am besten im Tiefkühlschrank. Auch Trockenhefe ist als Teiglockerungsmittel für Brotteig geeignet und lässt sich sehr leicht lagern.

Ihre beste Treibkraft entwickelt Hefe bei einer Temperatur von 37° C. Direkte Berührung mit Salz und Fett beeinträchtigt jedoch ihre Wirkung. Daher sollten diese Zutaten erst dann beigemengt werden, wenn die Hefe mit dem gesamten Mehl vermischt wird. Ist die Hefe frisch, kann sie vor dem Kneten direkt in das Mehl gebröselt werden. Sonst ist es vorteilhaft, ein Dampfl (Vorteig) zu bereiten oder die Hefe in etwas lauwarmem Wasser aufzulösen.

Verwendung: hauptsächlich für leichte Weizenbrote, eventuell für Roggenbrot, zur Unterstützung des Sauerteiges bei ungünstigen Bedingungen, etwa niederer Temperatur.

Teiglockerungsmittel für 1 kg Mehl

Reiner Sauerteig	*ca. 150 bis 200 g bei kurzer Rastzeit und kleiner Mehlmenge, ca. 100 g bei längerer Rastzeit für größere Mehlmenge.*
Reine Hefe	*40 g bei normaler Rastzeit, kleiner Mehlmenge und niedriger Raumtemperatur; 30 g bei längerer Rastzeit und größerer Mehlmenge sowie höherer Raumtemperatur.*
Sauerteig + Hefe	*10 bis 20 g Hefe zum Sauerteig.*

Brotgewürze

Salz: je kg Mehl 1 gestrichener Esslöffel (höchstens 20 g).

Typische Geschmacksbeigaben im richtigen Mischungsverhältnis: 1/3 Kümmel, 1/3 Koriander, 1/3 Fenchel + Anis.

Für Spezialbrote können noch andere Gewürze, wie Sellerie- und Knoblauchsalz, Wacholder und Kardamon, verwendet werden.

Gewürze werden nicht nur aus Geschmacksgründen beigemengt, sondern sie besitzen außerdem einen hohen gesundheitlichen Wert und regen die Bildung der Verdauungssäfte an. Bei frischem Brot wirken Anis, Kümmel und Fenchel gegen Blähungen.

Gemahlene Gewürze schmecken intensiver, sollen aber jedesmal frisch gemahlen werden, da sie in dieser Form während längerer Aufbewahrung den Geschmack teilweise oder ganz verlieren.

Die Gewürze werden erst kurz vor der Teigbereitung dem Mehl beigemengt.

Gewürzmenge: je kg Mehl 1 gestrichener Esslöffel der Mischung.

Flüssigkeit

Für die Herstellung des Brotteiges wird meistens Wasser verwendet, doch kann bei Spezialbroten das Wasser ganz oder zum Teil durch Milch, aber auch Butter- oder Sauermilch ersetzt werden.

Wasser

Die Wassertemperatur soll zwischen 35 und 40° C liegen. In kalten Räumen darf das Wasser wärmer sein (bis zu 50° C). Zu heißes Wasser tötet jedoch die Hefepilze ab und verhindert dadurch das Aufgehen des Brotteiges. Wird dieser aber am Abend bereitet und erst am nächsten Tag ausgeformt, so verwendet man kaltes Wasser.

Für das Gelingen des Brotteiges spielt auch die Wasserhärte eine nicht unwesentliche Rolle. So kann zu weiches Wasser die Ursache für das Misslingen des Brotes sein; hartes Wasser ist für Brotteige besser geeignet.

Die Flüssigkeitsmenge hängt von der gewünschten Festigkeit des Teiges, von der Qualität und vom Ausmahlungsgrad des Mehles ab. Teige aus Vollkornmehlen bzw. Vollkornschroten brauchen mehr Flüssigkeit als Teige aus Auszugsmehlen. Mehl mit einem hohen Klebergehalt bindet mehr Flüssigkeit.
Menge für mittelfeste Teige: je 1 kg Mehl ca. 1/2 bis 3/4 l.

Spezialzutaten

Außer den herkömmlichen Broten können natürlich auch die verschiedensten Spezialbrote selbst hergestellt werden, die man durch die Beigabe besonderer Zutaten erhält:

Leinsamen

Der echte Lein (Flachs) stammt vermutlich aus dem südwestlichen Mittelmeergebiet. Heute wird er vorwiegend in Süd- und Mitteleuropa bis in 800 m Seehöhe kultiviert.
Leinsamen enthält Fett mit einem sehr hohen Anteil an ungesättigten Fettsäuren, Eiweiß, teils verdaulichen und unverdaulichen Kohlenhydraten wie Hemizellulosen und Schleimstoffe. Außerdem enthält er Rohfaser, Zellulose und Mineralstoffe.
Durch den Zusatz von Leinsamen wird das Brot leichter verdaulich. Er kann **ungemahlen oder gemahlen** dem Brot beigefügt werden, wird jedoch vom menschlichen Körper in gemahlener Form besser verwertet. Da Leinsamen unter Zutritt von Luftsauerstoff wegen des hohen Fettsäuregehaltes sehr rasch oxydiert, sollte er nur frisch gemahlen verarbeitet werden. Leinsamenbrot, das man längere Zeit lagern will, sollte hingegen mit ungemahlenem Leinsamen bereitet werden.
Zum Mahlen von Leinsamen ist eine Steinmühle ungeeignet, da die Mahlsteine verklebt werden. Daher ist die Verwendung einer Mühle mit Metallscheiben vorzuziehen.

Buchweizen

Buchweizen gehört zu den Knöterichgewächsen, dessen kleine dreieckige Früchte mineralstoffhältig und reich an Vitamin B sind und außerdem Lysin enthalten. Buchweizen wird entweder fein gemahlen oder geschrotet verwendet, so z. B. für Sechskornbrot.

Mais

Mais zählt zu den Getreidearten und wird fein gemahlen oder geschrotet zur Herstellung von Spezialbroten verwendet. Da er nur eine geringe Backfähigkeit aufweist, wird er meist mit Weizenmehl oder Weizenschrot vermischt, wobei sein Anteil höchstens 30 % betragen sollte.

Weizenkeime

Sie sind hochwertige Nebenprodukte, die bei der Herstellung von niedrigtypigen Mehlsorten anfallen. Sie sind sehr fett- und vitaminreich und können Auszugsmehle aufwerten.

Weizenkleie

Auch Weizenkleie entsteht beim Mahlen von Auszugsmehl. Durch die Beigabe von Kleie wird das Brot mit Ballaststoffen angereichert und somit die Verdauung angeregt.

Sesam

Er wird hauptsächlich bei Weizenbroten zugesetzt und kann sowohl dem Teig beigemengt oder auch nach dem Ausformen auf die Oberfläche aufgebracht werden, was zu einer besonderen Geschmacksverbesserung bei Brot und Gebäck führt.

Sonnenblumen- bzw. Kürbiskerne

Beide Kernarten sind sehr fettreich und können ganz oder grob gehackt bereits dem Mehl beigegeben werden.

Zwiebel

Für Zwiebelbrot bzw. Zwiebelweckerln werden Zwiebeln fein geschnitten unter das Mehl gerührt.
Goldgelb angeröstet sind sie noch geschmackvoller und werden – nachdem sie ausgekühlt sind – in den fertigen Brotteig eingeknetet.

Speck bzw. Schinken

Diese Zutaten können würfelig geschnitten bereits dem Mehl beigemengt oder erst in den fertigen Brotteig eingearbeitet werden.

Fette

Es kann Butter, Margarine, Schweinefett oder Öl verwendet werden, wodurch Weizenbrote mürber werden und länger saftig bleiben. Bei Roggenbroten ist die Zugabe von Fett nicht üblich.

Kräuter

Frische Kräuter werden fein gewiegt zum Mehl gegeben und mit den restlichen Zutaten zu einem Teig verarbeitet. Je nach Vorliebe finden Petersilie, Schnittlauch, Dill, Kerbel, Kresse, Estragon, Liebstöckl oder Borretsch in entsprechender Menge Verwendung.

Topfen

Einen besonderen Geschmack ergibt die Beimengung von Topfen bei Spezialbroten aus Weizenmehl.

Rosinen

Auch Rosinen dienen der Geschmacksverbesserung und werden gemeinsam mit den anderen Zutaten dem Mehl beigemengt.

Mohn, Hagelzucker

Diese Zutaten streut man auf Brot bzw. Gebäck aus Weizenmehl. Man nimmt sie sowohl als Aromazusatz wie auch als Aufputz.

Verschiedene Möglichkeiten der Teigbereitung

Brotbacken im eigenen Haushalt ist arbeits- und zeitaufwendig, vor allem wenn das gesamte Brot für eine große Familie selbst gebacken wird. Das ist auch wohl der Hauptgrund, warum das Brot meist beim Bäcker gekauft wird.

Will man größere Mengen Brot selbst herstellen, so sollte dafür ein entsprechend geeigneter Platz vorhanden sein. Im Bauernhaus könnte er im Wirtschaftsraum eingeplant werden, wo man auch die Maschinen und Geräte (z. B. eine Knetmaschine) unterbringen und damit der Hausfrau die Arbeit spürbar erleichtern kann.

Das Brotbacken im Haushalt unterscheidet sich in der Teigherstellung wesentlich vom gewerblichen Brotbacken. Selbst im ländlichen Bereich sind Teigbereitung und Brotformen nicht in allen Haushalten gleich.

Als oberster Grundsatz gilt aber auf jeden Fall: Alle Arbeitsgänge sollen so rationell wie möglich durchgeführt werden, um den Arbeitsaufwand in vernünftigen Grenzen zu halten.

Um lockeres Brot zu erhalten, muss der Teig gut durchgeknetet werden. Dafür gibt es folgende Möglichkeiten:

Teigbereitung ohne Maschine

Kneten mit der Hand

Es ist die häufigste Art der Teigbereitung; sie ist jedoch zeit- und kraftraubend, vor allem bei größeren Teigmengen. Als Zeitaufwand muss man für das Mischen der Zutaten und das Kneten des Teiges bei einer Menge von 10 kg Mehl mit ca. 1/2 Stunde rechnen. Selbst bei diesem Arbeitsvorgang gibt es individuelle Unterschiede.

- Größere Mehlmengen werden mit den Zutaten im Backtrog vermischt, wo sie auch als Teig durchgeknetet werden.

- Manchmal werden die Zutaten auch im Backtrog vermischt, bis sie die richtige Festigkeit haben, dann aber in kleineren Portionen auf der Arbeitsfläche durchgeknetet und erst wieder zum Aufgehen in den Backtrog gegeben.

Auch bei kleineren Teigmengen gibt es verschiedene Möglichkeiten der Herstellung:

- Weiche Teige knetet man am besten in einer Schüssel, da sie stark kleben.

- Für mittelfeste bis feste Teige (z. B. für Gebäck) werden die Zutaten in der Schüssel gemischt, bis der Teig die richtige Festigkeit hat. Dann wird die Arbeitsfläche bemehlt und der Teig dort gut durchgeknetet, bis er sich von den Händen und der Arbeitsfläche löst. Sollte er zu kleben beginnen, kann man noch etwas Mehl einarbeiten.

Teig aus der Plastikschüssel

Die Plastikschüssel eignet sich sowohl für Hefe- als auch für Sauerteigbrot und lässt sich für kleinere Mengen – ca. 2 kg Mehl – gut verwenden. Der Vorteil liegt darin, dass der Teig nicht geknetet werden muss und nur warmes Wasser benötigt wird. Allerdings dauert die Teigbereitung etwas länger.

Arbeitsvorgang

Nach dem Vermischen der Zutaten wartet man, bis der Teig die richtige Festigkeit erreicht hat, streicht die Oberfläche glatt und schließt den Schüsseldeckel, wobei darauf zu achten ist, dass entsprechend Luft entweicht. Anschließend wird die verschlossene Schüssel in ca. 50 bis 60° C warmes Wasser gestellt. Der Teig nimmt rasch an Volumen zu und treibt den Deckel von der Schüssel. Dann wird der Teig zusammengeschlagen, der Deckel geschlossen und die Schüssel wieder in warmes Wasser gestellt. Je öfter dieser Vorgang wiederholt wird (mindestens aber zwei- bis dreimal), desto feiner wird der Teig. Höhere Wassertemperatur verkürzt die Zeit des Teigaufgehens.

Maschinelle Teigbereitung

Dies bedeutet eine wesentliche Arbeitserleichterung. Welche Maschine eingesetzt wird, hängt von der Menge ab, die auf einmal gebacken wird und davon, wie oft gebacken wird.

Küchenmotor mit Knethaken

Bei kleineren Teigmengen, die nur im Backrohr gebacken werden, leistet er gute Dienste und ist recht preiswert, da ein Knethaken zu jeder Grundausstattung eines Küchenmotors gehört.

Knetmaschine

Der Kauf einer eigenen Knetmaschine ist bei häufigem Brotbacken in größeren Mengen durchaus gerechtfertigt, so z. B. in großen Familien, in einer Buschen-

schenke, in bäuerlichen Fremdenverkehrsbetrieben, wo selbst gebackenes Brot sehr gut abgesetzt werden kann.
Teigknetmaschinen sind in der Anschaffung meist sehr teuer und bringen oft nicht die gewünschte Leistung.

Methoden der Teigbereitung

Der Sauerteig wird zu Mittag in lauwarmem Wasser eingeweicht und am Abend in das Mehl eingedampfelt. Am nächsten Morgen werden die Zutaten vermischt, der Teig wird im Backtrog gut durchgeknetet und die Teigoberfläche glatt gestrichen. Dazu taucht man die Hände in lauwarmes Wasser, um ein Kleben des Teiges zu vermeiden. Zum Aufgehen bleibt der Teig im Backtrog. Dies ist die gebräuchlichste Art der Teigbereitung.

Eine weitere Methode unterscheidet sich von der oben erwähnten nur dadurch, dass der Teig nach dem Vermischen im Backtrog in kleinen Portionen auf der Arbeitsfläche gut durchgeknetet, sofort geformt und anschließend in die vorbereiteten Formen zum Aufgehen gegeben wird.

Eine dritte Möglichkeit der Teigbereitung besteht darin, dass bereits zu Mittag der Sauerteig in das Mehl eingedampfelt wird. Am Abend wird der Teig mit kaltem Wasser zubereitet und über Nacht in einem nicht zu warmen Raum zum Aufgehen gebracht. Am nächsten Morgen wird der Teig weiterverarbeitet.

Ausformen des Brotteiges

Ist der Teig genug gegangen, kann mit dem Formen der Brote begonnen werden. Als Richtwert gilt die Verdoppelung des Teigvolumens. Die Dauer des Aufgehens hängt von verschiedenen Faktoren, wie z. B. der Temperatur der Flüssigkeit und der übrigen Zutaten, der Raumtemperatur, der Menge und der Art der Teiglockerungsmittel ab. Beim Ausformen sollte nur so viel Mehl eingearbeitet werden, wie unbedingt erforderlich ist, da die Brotqualität sonst beeinträchtigt wird.

Formen der Kastenbrote

Bei **großen Teigmengen** wird der Brotteig bereits im Backtrog in quaderförmige Stücke geteilt. Diese hebt man vorsichtig mit einer Bratenschaufel auf die bemehlte Arbeitsfläche und dreht die Unterseite nach oben. Nun bemehlt man die

Hände, bringt dieses Teigstück in eine gleichmäßige Quaderform und legt es in die befettete Kastenform, wobei die ursprüngliche Oberseite wieder nach oben gewendet wird.

Bei **kleinen Teigmengen** wird der gesamte Brotteig mit der Oberseite nach unten auf die bemehlte Arbeitsfläche gestürzt und in gleichmäßige Stücke geteilt. Mit bemehlten Händen werden die einzelnen Teigstücke in eine Quaderform gebracht und mit der Unterseite nach oben in die befettete Kastenform gegeben.
Die Kastenformen sollen nur bis ca. 1 cm unter den Rand gefüllt werden, da der Teig beim Aufgehen an Volumen zunimmt. Weiters ist darauf zu achten, dass beim Einlegen in die Form möglichst keine Sprünge an der Oberfläche entstehen, denn diese würden sich beim Aufgehen vergrößern und das fertige Brot hätte eine unansehnliche Rinde.

Formen der Laibe und Wecken

Beim **Formen auf der Arbeitsfläche** wird diese bemehlt und das Teigstück mit in Mehl getauchten Händen so lange entsprechend geformt, bis eine glatte Oberfläche entsteht. Anschließend wird der Laib oder Wecken mit der schöneren Seite nach unten in das bemehlte Brotkörberl, das „Simperl“, gelegt.

Beim **Formen im Weitling** wird das Teigstück in das bemehlte Gefäß gelegt und die Oberfläche mit einer Teigkarte glatt gestrichen. Nun bewegt man den Weitling, bis sich der Teig zu drehen beginnt und an der Unterseite glatt ist. Dann dreht man den Teig um und wiederholt diesen Vorgang. Ist der Teig auf beiden Seiten geglättet, wird er in das vorbereitete Brotkörberl gelegt.

Wird nur ein Laib oder Wecken gebacken und hat man kein Brotkörberl, so wird das geformte Teigstück mit der schönen Seite nach oben auf ein befettetes Blech gelegt. In allen Fällen lässt man die geformten Brotteige ca. 45 Minuten aufgehen.

Andere gebräuchliche Brotformen

Außer den oben erwähnten Brotformen können noch andere Formen, wie z. B. Laibchen, Weckerln, Fladen, Striezel, Stangerln, Kipferln, Brezeln oder Zöpfe, hergestellt werden.

Die Teigbeschaffenheit bestimmt die Form des Brotes. Für Laibe und Wecken darf der Teig nicht zu weich sein, da diese Formen sonst auseinander fließen. Für Kleingebäck soll der Teig mittelfest bis eher fest sein. Ein weicher Teig lässt sich nicht nur schwer formen, sondern bleibt überdies an Händen und an der Arbeitsfläche kleben. Allenfalls lässt sich ein weicherer Teig noch zu Kastenbrot verarbeiten.

Das Backen

Ist in einem Haushalt auch kein eigener Brotbackofen vorhanden, so kann man trotzdem kleinere Mengen im Backrohr eines Küchenherdes herstellen. Bei größeren, regelmäßig anfallenden Brotmengen ist natürlich ein eigens dafür angeschafftes Gerät praktischer, dessen Rentabilität sich noch steigern lässt, indem man die Restwärme zum Backen von Weißbrot und zum Trocknen von Obst nützt.

Brotbacköfen

Für eine gute Brotqualität ist es wichtig, **dass der Backofen tadellos funktioniert, denn Brotfehler können auch auf einen schlechten Backofen zurückzuführen sein**. Als Energiequelle dient entweder Strom oder Holz.

Elektrobacköfen

Sie sind **einfach zu bedienen**, Platz sparend und zur Herstellung von 2, 4, 6 oder 8 Brotlaiben ausgestattet.

Elektrische Brotbacköfen werden ca. 1 Stunde vor dem Einschießen des Brotes eingeschaltet. Vorgeheizt wird sowohl für Laibe als auch für Kastenbrote bei 300° C Ober- und Unterhitze. Ist die gewünschte Temperatur erreicht, schaltet der Thermostat automatisch ab. Der Innenraum ist an der Unterseite mit Schamotteziegeln ausgelegt und speichert in diesem Bereich die Wärme, weshalb man beim Backvorgang die Unterhitze früher als die Oberhitze ausschaltet.

Elektrobacköfen haben eine Schwadenanlage eingebaut. Sofort nach dem Einschießen wird in den Schwellbecher Wasser eingefüllt, welches im Innenraum des Backofens verdampft. Nach 10 Minuten wird der Schwadenabzug geöffnet, damit der Wasserdampf entweichen kann. Eine genaue und detaillierte Bedienungsanleitung liegt jedem neuen Gerät bei.

Vorteile des Elektrobackofens: einfache Bedienung, sauberes Heizen, geringer Arbeitsaufwand.
Nachteil: Stromausfall während des Backens kann zum Misslingen des Brotes führen.
Bitte beachten: Bedienungsanleitung genau lesen!

Holzbacköfen

Backöfen, die mit Holz beheizt werden, stehen entweder fix an einem bestimmten Platz (gesetzter Ofen), sind aber auch als Standöfen (beliebig aufstellbar) erhältlich.

Das Anheizen erfolgt meist kurz vor oder nach dem Kneten des Brotteiges. Ist das Holz abgebrannt, wird die Glut gleichmäßig verteilt und der Ofen abgesperrt. Kurz vor dem Einschießen werden die Glutreste entfernt, der Ofen wird ausgekehrt und mit einem feuchten Tuch ausgewischt. All diese Vorgänge erfordern viel Zeit und ein gewisses Maß an Erfahrung.

Vorteile des Holzbackofens: Heizmaterial immer vorhanden; das Brot gerät in einem Holzbackofen sehr schön und wohl schmeckend.
Nachteile: hoher Arbeitsaufwand, Verschmutzung durch Brennmaterial und Asche.
Bitte beachten: Erfahrung im Umgang mit dem Ofen unbedingt erforderlich!

Das Brot wird eingeschossen

Ist der Brotteig in den Körben oder Formen genug gegangen und der Ofen bereits vorgeheizt, kann mit dem Einschießen begonnen werden.

Kastenbrote werden in den Formen gebacken. Die Oberfläche kann mit lauwarmem Wasser bestrichen werden.

Laibe und Wecken werden aus den Körben und zwar mit der Oberseite nach unten, auf die Ofenschaufel gelegt. Das anhaftende Mehl wird mit einem Mehlbesen abgekehrt.

Mit der Ofenschaufel werden die Laibe und Wecken in den Backofen geschoben, wobei zwischen den einzelnen Broten ein Abstand von ca. 5 bis 10 cm bleiben soll.

Befeuchten des Brotes

Mit der Hand oder mit einem Pinsel bestreicht man die Oberfläche der Laibe und Wecken mit lauwarmer Milch oder lauwarmem Wasser. Wenn der Teig sehr weich ist, unterbleibt das Befeuchten, da sonst das Backgut auseinander fließen könnte. Die Feuchtigkeit hält die Rinde elastisch und der Teig kann aufgehen, ohne dass sie springt. Außerdem entsteht dadurch ein schöner Glanz.

Um der Feuchtigkeit, die während des Backens entsteht, Austrittsmöglichkeit zu geben, werden Laibe und Wecken an der Oberfläche mit leichten Schnitten versehen oder mit dem Finger angestochen. Auch damit verhindert man ein Aufplatzen der Rinde.

Ist die Wärmeverteilung in einem Backofen ungleichmäßig, muss man während des Backvorganges die Laibe und Wecken mit der Ofenschaufel „umschießen" (sie also untereinander austauschen), um einwandfreies Brot zu erhalten.

Backdauer

Die Backzeit hängt von folgenden Faktoren ab:
- **von der Form des Brotes:** Wecken kürzer, Kastenbrote länger als Laibe;
- **von der Größe und Höhe des Brotes;**
- **vom Ausmahlungsgrad des Mehles:** Brote aus dunklem Mehl brauchen länger (z. B. Vollkorn- und Schrotbrote);
- **vom Teiglockerungsmittel:** Lockere Brote haben eine kürzere Backzeit;
- **von der Festigkeit des Teiges:** Brote aus weicheren Teigen sind in kürzerer Zeit fertig gebacken;
- **von der Backtemperatur:** Bei niedrigeren Temperaturen ist die Backdauer länger, bei höheren kürzer.

Im Allgemeinen gelten folgende *Backzeiten* für die verschiedenen Arten von Gebäcken:

Wecken	3/4 bis 1 1/4 Stunden,
Laibe	1 bis 1 1/2 Stunden,
Kastenbrote	1 1/2 bis 2 Stunden,
Gebäck	15 bis 30 Minuten.

Gewichtsverlust beim Backen

Form	**vor dem Backen**	**nach dem Backen**	**Verlust**
Laib	2,20 kg	1,79 kg	410 g = 18 %
Kastenform aus Weißblech, groß	1,19 kg	1,02 kg	170 g = 14 %
Kastenform aus Weißblech, klein	0,85 kg	0,73 kg	120 g = 14 %
Kastenform aus glasiertem Ton	1,32 kg	1,16 kg	160 g = 12 %

Brotbacken im Backrohr

Brot kann sowohl im Backrohr eines normalen Elektroherdes oder eines Herdes mit festen Brennstoffen als auch im Heißluftherd oder im Gasherd gebacken werden.

Damit das Brot an der Oberfläche nicht zu stark austrocknet, ist es vorteilhaft, einen Topf mit Wasser in das Backrohr zu stellen. Im Backrohr eines normalen E-Herdes können 3 Kastenformen oder 2 Wecken oder 1 Laib auf einmal gebacken werden.

In einem Heißluftbackrohr kann die doppelte Menge Brot auf einmal gebacken werden. Bei Gebäck können drei Backbleche eingeschoben werden.

Praktische Behelfe beim Selberbacken

Wie schon aus den Arbeitsanleitungen hervorgeht, gibt es einige praktische Behelfe zum Brotbacken, deren Anschaffung man sich durchaus überlegen sollte.

Backtrog

Werden in einem Haushalt oft größere Brotmengen gebacken, so lohnt sich ein eigener Backtrog. Er ist aus glatt gehobeltem Holz gefertigt, damit keine Späne in den Brotteig gelangen. Weiters muss der Trog wasserdicht und fugenlos sein, damit sich keine Teigreste zwischen den einzelnen Brettern festsetzen können. Diese würden die Reinigung sehr erschweren und außerdem würden sich dort Insekten und Würmer einnisten.

Im Backtrog können alle Zutaten für das Brot ideal vorbereitet werden. Wird der Brotteig mit der Hand geknetet, erfolgt auch dies im Backtrog. Wird er hingegen maschinell verarbeitet, so kann der Teig zum Aufgehen wieder in den Trog gegeben werden. Nach jeder Benützung ist der Backtrog gründlichst von alten Teigresten zu säubern, damit er nicht zum Anziehungspunkt für alle Arten von Schädlingen wird.

Weitling

Laibe und Wecken kann man im Weitling gut ausformen. In manchen Haushalten, in denen schon sehr lange Brot gebacken wird, ist noch eine eigene Schüssel aus Holz für das Ausformen zu finden.

Brotkörbe und Kastenformen

Den geformten Brotteig lässt man in Brotkörben und Kastenformen aufgehen. Brotkörbe sind rund oder oval und aus Stroh gearbeitet. Vor dem Verwenden müssen sie bemehlt werden, damit der Brotteig nicht anklebt. Nach jedem Gebrauch sollen die „Simperln" gut ausgeklopft werden. Man kann sie auch mit einem sauberen Geschirrtuch auslegen, um sie leichter sauber halten zu können.

Für viereckige Brote verwendet man Kastenformen. Sie sind aus Weiß- oder Schwarzblech oder aus glasiertem Ton hergestellt. Das Brot bleibt während des Backvorganges in diesen Formen.

Die Formen sollen gut befettet werden, damit sich das fertige Brot ohne Schwierigkeiten herausstürzen lässt. In Kastenformen kann mengenmäßig mehr Brot auf einmal gebacken werden als bei der Erzeugung von Brotlaiben. Der Teig kann in den Formen auch nicht auseinander fließen, falls er beim Kneten zu weich geraten ist.

Ofenschaufel

Dieses Gerät benötigt man zum Einschießen der backfertigen Brotlaibe und Wecken besonders bei größeren Backöfen. Es besteht aus einem ca. 2 m langen Stiel, an dessen Ende eine glatte, runde Fläche aus Holz mit einem Durchmesser von ca. 35 cm angebracht ist. Auf einer Seite ist sie etwas abgeflacht.

Mit der Ofenschaufel oder Ofenschüssel, wie sie auch in manchen Gegenden bezeichnet wird, ist es ohne Schwierigkeiten möglich, den gesamten Innenraum eines Backofens mit Brot zu beschicken. Auch das Herausnehmen des fertig gebackenen Brotes lässt sich mit solch einer Schaufel leicht bewerkstelligen.

Wie behandelt man das Brot nach dem Backen?

Das Brot ist gar, wenn die vorgeschriebene Backzeit beendet ist und die nachfolgend beschriebene Prüfung zufriedenstellend ausfällt.

Die Backprüfung besteht aus der **Gewichts- und Klopfprobe.** Durch den Flüssigkeitsverlust beim Backen verliert das Brot je nach Art des Teiges 12 bis 18 % seines ursprünglichen Gewichtes, was durch Nachwiegen leicht zu überprüfen ist (siehe auch Tabelle auf S. 45). Klopft man auf die Unterseite des Brotes, so ergibt dies einen dumpfen, tiefen Ton. Bei nicht fertig gebackenem Brot ist der Ton wesentlich höher.

Auch das fertige Brot kann an der Oberfläche mit lauwarmem Wasser bestrichen werden, wodurch die Rinde noch glänzender wird.

Das Auskühlen des Brotes soll in temperierten Räumen erfolgen. Ein zu starker Temperaturunterschied (vom heißen Backrohr in einen kalten Raum) sollte möglichst vermieden werden, weil das Brot sonst leicht zusammenfallen könnte.

So wird das Brot richtig aufbewahrt

Zur Brotqualität trägt auch die richtige Lagerung bei. Brot soll in entsprechend temperierten und nicht zu trockenen Räumen aufbewahrt werden. Ein zu feuchter Raum würde allerdings die Schimmelbildung fördern. Früher hatte man so genannte „Brothäng“ oder „Brotleitern“. Dies ist ein idealer Aufbewahrungsort für kurzfristige, etwa 1 bis 2 Wochen dauernde Lagerung. In Vorratsräumen, die – wie etwa die Küche – zu trocken und zu warm sind, trocknet das Brot sehr rasch aus. In Räumen, die nur eine Temperatur von 0° C aufweisen, wird das Brot auch in allerkürzester Zeit altbacken. Dies gilt auch für die Lagerung im Kühlschrank.

Wurden größere Brotmengen auf einmal gebacken, kann das nicht verwendete Brot tiefgekühlt werden. Dafür eignet es sich sehr gut und zeigt selbst nach mehreren Wochen keine Veränderung. Tiefgekühltes Brot sollte man nur **langsam auftauen**, während rasches Erwärmen im Backrohr eine Ausnahme bleiben sollte. **Auch die verschiedensten Gebäckarten lassen sich ausgezeichnet tiefkühlen.** Man kann das Gebäck noch in tiefgefrorenem Zustand im Backrohr bei ca. 150° C auftauen, wodurch es ganz frisch schmeckt. Es muss allerdings kurz danach verbraucht werden, da es sehr rasch austrocknet und dann erst recht altbacken schmecken würde.

Brot aus Vollkornschrot weist nach dem Einfrieren eine bröselige Schnittfläche auf. Je mehr Schrot das Brot enthält und je gröber er vermahlen ist, desto intensiver macht sich dies bemerkbar. Durch Beimengen von feinem Mehl lässt sich die bröselige Schnittfläche weitgehend verhindern.

Brotfehler und ihre Ursachen

Leider gelingt das Brot nicht immer so, wie man es sich vorstellt. Zum Misslingen können verschiedene Faktoren beitragen, denn oft kommt es vor, dass trotz gleicher Zutatenmenge und gleicher Arbeitsweise das Ergebnis „anders" ausfällt. Die Ursachen für etwaige Fehler können in den Zutaten, bei der Teigbereitung, beim Backen oder auch bei der Aufbewahrung liegen.

Schlechte Mehlqualität

Ausgewachsenes Getreide

Mehl aus solchem Getreide hat schlechte Kleber- und Stärkequalität. **Gegenmaßnahme:** Weizenmehlanteil erhöhen bzw. Mehlsorte wechseln.

Unvollständig ausgereiftes Getreide

Unreifer Kleber und schlechte Stärkequalität dieses Mehles führen zu verminderter Backfähigkeit. Zu frisches Mehl kommt häufig in den Sommermonaten und im Herbst vor. Es bewirkt das so genannte Nachlassen des Teiges, wobei das Wasser zuerst wohl aufgenommen, aber während des Aufgehens wieder abgegeben wird, wodurch der Teig weicher wird. **Gegenmaßnahme:** Bei der Teigbereitung weniger Wasser verwenden, nachträglich Mehl einarbeiten.

Schädlingsbefall des Getreides

Auch hier vermindern geringer Kleber- und Stärkegehalt die Backfähigkeit. Die Schädlinge fressen den Mehlkörper im Getreidekorn teilweise oder ganz auf. Derartiges Getreide sollte für die menschliche Ernährung nicht mehr verwendet werden.

Fehler in der Teigbereitung

Zu weicher Teig

Der Brotteig geht sehr rasch auf, klebt sehr stark beim Ausformen, Laibe und Wecken fließen beim Backen auseinander und lassen sich schwer durchbacken.

Zu fester Teig

Der Brotteig geht schlecht auf, das Resultat ist trockenes Brot, dessen Anschnittfläche stark bröselt und eine gesprungene Rinde aufweist.

„Schönheitsfehler“

Rindenfehler

Risse in der Rinde können entweder durch zu geringes Aufgehen, durch mindere Mehlqualität und durch falsche Teigbereitung, aber auch durch zu viel oder zu wenig Dampf, oder zu hohe Backtemperaturen entstehen.

Abheben der Rinde wird oft durch schlechte Mehl- bzw. Teigqualität oder ebenso durch einen nicht einwandfrei funktionierenden Ofen verursacht.

Krumenfehler

Speckiges Brot kann entweder auf zu viel Teiglockerungsmittel, auf zu kalte Zutaten, zu weichen Teig, zu langes Aufgehen wie auch auf falsche Backtemperatur zurückzuführen sein.

Grobporiges Brot bedeutet meist zu alten Sauerteig, zu wenig durchgekneteten Teig oder zu langes Aufgehen.

Trockenes und bröseliges Brot entsteht in der Regel durch zu festen Teig, durch nicht einwandfreien Sauerteig bzw. durch zu lange Backzeit. Bei Schrotbrot deutet dieser Umstand auf zu hohen Schrotanteil hin (tritt bei dieser Brotart vor allem nach dem Tiefkühlen auf).

Geschmacksfehler

Saurer Geschmack

Dieser wird durch alten, übersäuerten oder auch nur durch zu viel Sauerteig hervorgerufen.

Hefegeschmack

Ursachen dieser Geschmacksbeeinträchtigung sind meist zu viel Hefe oder schlecht durchgebackenes Brot.

Bitterer Geschmack

Die Fehlerquelle ist entweder in zu langer Backzeit oder in verbrannter Rinde zu suchen, die bei zu hoher Backtemperatur entsteht.

Muffiger Geschmack

Schlechte oder falsche Lagerung des Backgutes führt zu dieser Qualitätsminderung.

Schimmeliger Geschmack

Unsachgemäße Lagerung in luftarmen, feuchten und warmen Räumen oder Behältern ist die ideale Voraussetzung für die Entwicklung des Schimmels, der meist in den Sommermonaten auftritt. Der Schimmelbefall muss noch gar nicht erkennbar sein, doch kann das Brot trotzdem bereits verdorben sein. Da manche Schimmelarten krebserregend wirken können, darf verschimmeltes Brot nicht mehr gegessen werden.

Beurteilung des Brotes

Selbst gebackenes Brot soll nicht nur schön und appetitlich aussehen, sondern auch gut schmecken.

Brot kann nach folgenden Gesichtspunkten beurteilt werden:

1. Form, Herrichtung (Erscheinungsbild, Aussehen)

unansehnlich / ungleichmäßige Form / zu flache Form / Anstoßstellen / raue Oberfläche / unsauberer Boden / zu mehlig

2. Kruste, Oberfläche

verbrannter Boden / abgehobene Kruste / zu starke Bräunung / zu schwache Bräunung / ungleichmäßige Bräunung / zu dünne Rinde / zu dicke Rinde / Blasen

3. Lockerung

zu geringe Lockerung / ungleichmäßige Lockerung / Hohlräume

4. Struktur der Krume

krümelt beim Schneiden / schmiert beim Schneiden / Mehlklumpen in der Krume / Wasserstreifen

5. Kaubarkeit

zu hart beim Kauen / zäh beim Kauen / klebrig beim Kauen / schmierig beim Kauen

6. Geruch, Geschmack

wenig aromatisch / brenzlig / sauer / lind / Nebengeruch / Nebengeschmack / Fremdgeruch / Fremdgeschmack / herb / bitter / herbsäuerlich / fad / ranzig / hefig / nicht abgerundet / salzig / überwürzt / dumpf / muffig

OEL

Rezepte

Alle Rezepte sind vielfach erprobt!

Rezepte
in alphabetischer Reihenfolge

Die nachfolgenden Rezepte können sehr leicht abgeändert werden. Backwaren, in denen Vollkornmehl und Auszugsmehl vorkommen, können auch nur mit Vollkornmehl oder nur mit Auszugsmehl zubereitet werden. Es müssen nur Flüssigkeitsmenge, Backtemperatur und Backzeit berücksichtigt werden.

Wenn bisher nur Brot und Gebäck mit Auszugsmehl gebacken wurde, so sollte nicht von heute auf morgen auf „nur" Vollkornmehl umgestellt werden, da sich viele erst daran gewöhnen müssen. Es bedeutet für den Körper eine Umstellung. Backwaren aus Vollkornmehl bzw. -schrot könnten sonst abgelehnt werden. Eine Möglichkeit der langsamen Umstellung besteht darin, dass ein Teil des Auszugsmehles bzw. des Brotmehles durch Vollkornmehl oder -schrot ersetzt wird. Der Vollkornanteil könnte langsam gesteigert werden.

Die **Flüssigkeitsmenge** aller Rezepte ist immer mit dem Hinweis „ca." angegeben, weil der Flüssigkeitsbedarf bei der Teigbereitung nicht immer gleich ist. Mehle mit einem höheren Klebergehalt bzw. Mehle mit einem hohen Anteil an Zellulose nehmen mehr Flüssigkeit auf. Eine durchschnittliche Grundmenge für einen mittelfesten Teig pro kg Mehl ist 1/3 l Flüssigkeit, 1/2 l Flüssigkeit bei Hefeteigen und 3/4 l Flüssigkeit bei Brot- bzw. Weckerlteigen.

Schwierig ist auch die Angabe der **Backtemperaturen** und der **Backzeiten**. Die Backrohrtemperatur hängt unter anderem von der Stromversorgung ab. Zu einem Zeitpunkt, da viele Elektrogeräte in Betrieb sind, könnte es sein, dass die eingestellte Temperatur nur schwer erreicht wird.

Die Backzeit hängt von der Festigkeit des Teiges ab. Vollkornbrote haben auch eine längere Backzeit als Brote aus Auszugsmehlen. Weiters sind Größe bzw. Höhe des Brotes oder Kleingebäckes für die Backzeit entscheidend.

Tipps für ein besseres Gelingen

- Die Zutaten sollen Zimmertemperatur haben.
- Vollkornmehl verwendet man nach Möglichkeit frisch gemahlen.
- Sauerteig einige Stunden vor dem Verwenden in etwas lauwarmem Wasser einweichen. Er löst sich dadurch leichter auf.
- Teig, welcher als Teiglockerungsmittel nur Sauerteig enthält, braucht etwas länger zum Aufgehen.
- Frische Hefe kann direkt in das Mehl eingebröselt werden. Bei älterer Hefe ist es vorteilhafter, ein Dampfl (Vorteig) zu bereiten oder die Hefe in etwas Flüssigkeit aufzulösen.
- Ältere Hefe hat oft eine verminderte Treibkraft.
- Hefe sollte man nicht mit Salz oder Fett direkt in Berührung bringen!
  Die Wirkung der Hefe geht dadurch teilweise verloren.
- Gemahlene Gewürze sind im Geschmack intensiver. Sie sollen daher frisch gemahlen bzw. zerkleinert verwendet werden.
- Flüssigkeitstemperatur soll lauwarm sein, höchstens jedoch 45 bis 50° C.
- Vollkornmehle bzw. -schrote sowie Mehle mit einem höheren Klebergehalt brauchen etwas mehr Flüssigkeit.
- Hefebrot trocknet rascher aus als Sauerteigbrot.
- Zugluft ist zu vermeiden, Teige sind während des Aufgehens zugedeckt.

- Hat man gerade nicht Zeit zum Ausformen des Brotes, obwohl der Teig schon genug gegangen ist, so kann man den Teig nochmals durchkneten und wieder aufgehen lassen.
- Brot, bei niedrigeren Temperaturen gebacken, hat eine dicke Rinde. Wird es bei hohen Temperaturen gebacken, so erhält es eine dünne Rinde.
- Wird Brot vor dem Backen mit Milch oder Ei bestrichen, so bleibt die Oberfläche elastisch und die Rinde springt nicht so leicht.
- Brot, mit Dampf gebacken, hat eine weichere Rinde. Dies kann durch die Schwadenanlage beim Brotbackofen erreicht werden. Ins Elektrobackrohr könnte ein Gefäß mit Wasser gestellt werden.
- Gebäck, kurz vor dem Backen mit zerklopftem Ei bestrichen, hat eine schöne, glänzende Oberfläche.
- Vollkornbrote verlangen etwas höhere Backtemperaturen oder haben eine etwas längere Backzeit.
- Springt Brot oder Gebäck beim Backen sehr stark, so könnte die Ursache evtl. auch zu kurzes Aufgehen vor dem Backen sein.
- Ist die vorgeschriebene Backzeit um, so führt man an der Unterseite des Brotes die Klopfprobe durch. Ein hohler Ton bedeutet, dass das Brot durchgebacken ist.
- Ist die Rinde des Brotes nach dem Backen sehr hart oder ausgetrocknet, so soll man das Brot noch heiß mit Wasser bestreichen oder in ein feuchtes Tuch eindrehen.
- Gebäck kann bald nach dem Auskühlen gegessen werden. Bei Brot sollte mindestens einige Stunden oder ein Tag gewartet werden.
- Gebäck oder Brot soll frisch, aber erst nach dem Auskühlen eingefroren werden.
- Gebäck kann im Backrohr bei 150° C aufgetaut werden, sollte aber dann bald gegessen werden, da es sonst rasch austrocknet.
- Eingefrorenes Brot soll in der Regel langsam aufgetaut werden und nur in Ausnahmefällen im Backrohr.

Verschiedene Möglichkeiten beim Formen von Kleingebäck

Laibchen

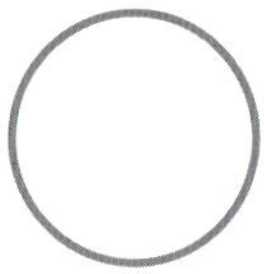

Teigstück „schleifen" – mit der Handinnenfläche auf einer glatten Arbeitsfläche so lange drehen, bis das Laibchen rund ist und eine glatte Oberfläche hat.

Weckerl bzw. Brötchen

Vor allem für Teige aus Roggenmehl (Brotteig). Teigstücke mit bemehlten Händen rund oder oval gleichdrücken. Oberfläche eventuell einschneiden.

Schnecke

Teigstück ca. 40 cm lang ausrollen. Je nachdem, wie eingerollt wird, entstehen verschiedene Schnecken.

Brezel

Teigstück ausrollen.

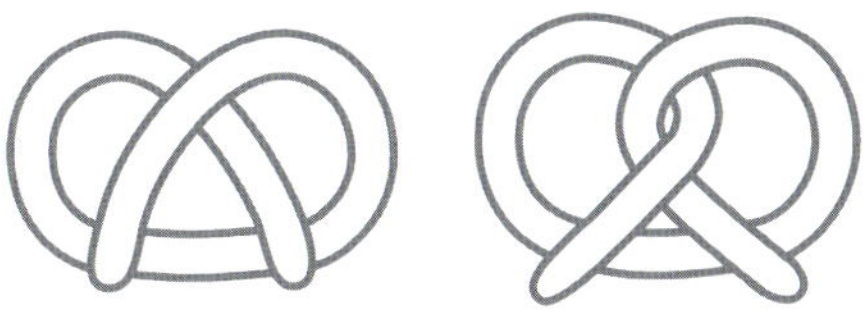

Einfache Brezel **Gedrehte Brezel**

Stangerl

Laibchen schleifen:

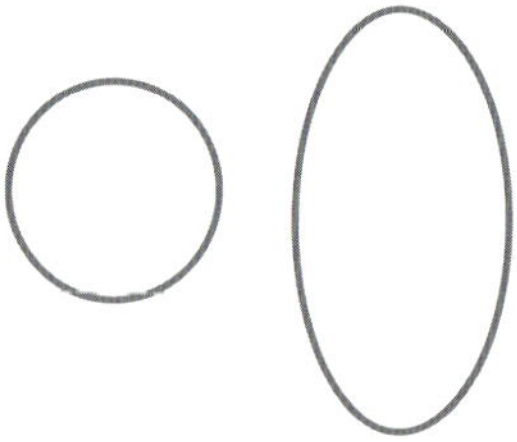

Obere Seite des Laibchens in Mehl tauchen, mit dem Nudelwalker länglich ausrollen.

Stangerl formen:

Mit dem Einrollen von unten beginnen – dabei mit beiden Händen nach außen drücken.

Kipferl

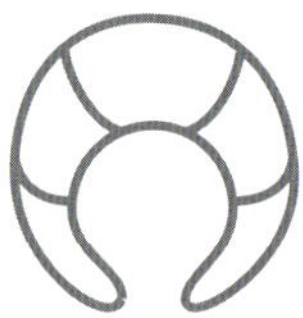

Wie Stangerl formen, danach beidseitig zur Mitte biegen.

Spirale

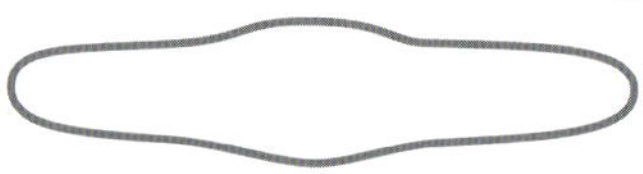

Teigstück ca. 25 cm lang ausrollen (in der Mitte etwas dicker lassen).

Die Rolle halbieren, von der Mitte beginnend eindrehen.

Mohnweckerl (Einstrangzopf)

Teigstück ca. 35 cm lang ausrollen.

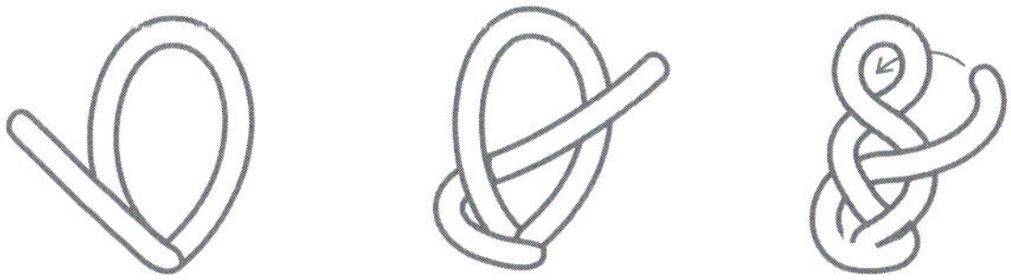

Formen: Das untere Drittel des Teigstückes nach links oben legen – dabei den Anfang verdecken. Das linke Ende nach rechts legen (das erste Mal unter, das zweite Mal über den Teig geben – flechten). Mit der Schlinge eine Drehung nach links durchführen und das Teigende bei der Schlinge unten durch heraufstecken.

Knopf

Teigstück ca. 40 cm lang ausrollen und vierteln.

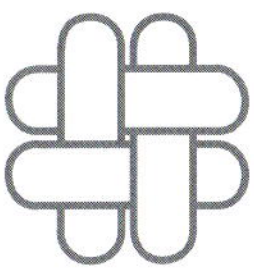

Ein Gitter legen.

Die äußeren Enden paarweise zusammendrücken und unter den Knopf legen.

Knopfsemmel

Teigstück ca. 40 cm lang ausrollen.

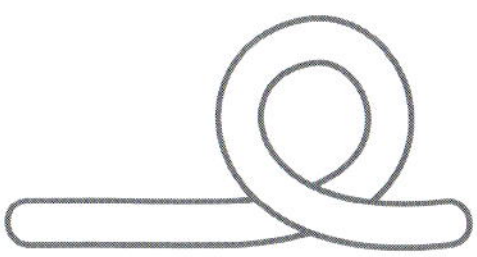

Im rechten Drittel eine Schlinge legen.

Das linke Ende mehrfach und gleichmäßig um die Schlinge wickeln. Das rechte Ende in der Mitte von unten durch heraufstecken.

Grundteige

Brotteig mit Sauerteig

(Sauerteig: siehe auch Seite 25 und 26)

Zutaten pro kg Mehl

1 Esslöffel Sauerteig
1 gestrichener Esslöffel Salz = 20 g
1/2 bis 1 Esslöffel Brotgewürz
3/4 l lauwarmes Wasser

Zubereitung

Sauerteig in etwas lauwarmem Wasser auflösen. Das Mehl in eine Schüssel geben. Den aufgelösten Sauerteig in die Mitte des Mehles in eine Grube seihen und mit etwas Mehl verrühren (= eindampfeln). Zugedeckt einige Stunden oder über Nacht stehen lassen.
Salz und Brotgewürz zum Mehl geben, Wasser dazugießen bis ein mittelfester Teig entsteht. Teig gut durchkneten, Oberfläche glatt streichen (Hand in lauwarmes Wasser tauchen – Teig klebt nicht mehr). Zugedeckt auf das doppelte Volumen aufgehen lassen. Danach weiterverarbeiten zu Laiben, Wecken, Kastenbroten, Weckerln.

Hinweise

- Sauerteig als Teiglockerungsmittel ist vor allem bei Roggen- oder Roggenmischbroten üblich.
- Brotteige, die nur mit Sauerteig als Teiglockerungsmittel bereitet werden, brauchen länger zum Aufgehen.
- Deshalb wird meist etwas Hefe zur Unterstützung bei der Teiglockerung dazugegeben – pro kg Mehl 5 bis 10 g.
- Sauerteigbrote sind saftiger und trocken nicht so rasch aus wie Brote, die nur mit Hefe als Teiglockerungsmittel bereitet wurden.
- Sauerteig verleiht dem Brot einen leicht säuerlichen, erfrischenden Geschmack.
- Soll ein geschmacklich milderes Brot gebacken werden, so entfällt das Eindampfeln – der Sauerteig kommt zum Mehl und wird mit den übrigen Zutaten rasch zu einem Teig verarbeitet.

Hefeteig süß

Zutaten

1 kg Weizenmehl
40 g Hefe
1 Teelöffel Salz
100 g Zucker
100 g Butter (Margarine)
Vanillezucker
3 Dotter
ca. 1/2 l lauwarme Milch
Verbesserung: mehr Fett bzw. mehr Dotter

Zubereitung

Mehl in eine Schüssel geben. Hefe einbröseln bzw. ein Dampfl (Vorteig) bereiten. Alle trockenen Zutaten zum Mehl geben. Fett zerlassen, Milch erwärmen. Dotter mit der lauwarmen Milch, Rum und Fett zersprudeln und unter die restlichen Zutaten mischen. Einen mittelfesten Teig bereiten, den man gut durchknetet. Zugedeckt an einem warmen Ort auf das doppelte Volumen aufgehen lassen. Danach zum gewünschten Gebäck weiterverarbeiten.

Hefeteig salzig

Zutaten

1 kg Mehl

1 gestrichener Esslöffel Salz

40 g Hefe

100 g Butter (Margarine)

ca. 1/2 l lauwarme Milch (etwas mehr)

Verbesserung: Dotter bzw. mehr Fett

Zubereitung wie Hefeteig süß

Hinweise

- Hefemenge pro kg Mehl: 40 g – werden mehr Fett bzw. Dotter zum Teig gegeben, werden 50–60 g pro kg Mehl verwendet.
- Trockenhefe direkt unter das Mehl mischen.
- Hefe und Salz nicht zusammenbringen – die Treibwirkung der Hefe wird beeinträchtigt.
- Frische Hefe kann, wenn sie sich fein einbröseln lässt, mit dem Mehl vermischt werden.
- Hat frische Hefe feucht bekommen, so soll sie in etwas lauwarmer Flüssigkeit (Milch oder Wasser) aufgelöst werden bzw. soll ein Dampfl (Vorteig) bereitet werden.
- Kommen größere Hefestücke in den Teig, so weist das fertige Gebäck eine ungleichmäßige Lochung auf.
- Hefeteige brauchen zum Aufgehen Wärme.

Hausbrot und andere Brotspezialitäten

Haidegger Bauernbrot

(Zutaten für 1 Laib, 25 984 kJ / 6 203 kcal / 95 BE pro Laib)

Zutaten

1,6 kg Roggenmehl, 400 g Weizenmehl, 1 gehäufter Esslöffel Sauerteig, 20 g Hefe, 40 g Salz, 1 Esslöffel Brotgewürz, ca. 1 1/2 l lauwarmes Wasser.

Zubereitung

Den Sauerteig in ca. 1/4 l lauwarmem Wasser auflösen. Das Mehl in eine Schüssel geben. Den aufgelösten Sauerteig in die Mitte des Mehles in eine Grube seihen und mit etwas Mehl verrühren. Zugedeckt einige Stunden stehen lassen.
Hefe zum Sauerteig einbröseln. Salz und Brotgewürz zum Mehl geben. Alle Zutaten vermischen, Wasser dazugießen bis ein mittelfester Teig entsteht. Den Teig gut durchkneten, Oberfläche glatt streichen. Zugedeckt aufgehen lassen, bis sich das Teigvolumen verdoppelt hat.
Einen Laib formen, den man im vorbereiteten Brotkörberl ca. 20 Minuten aufgehen lässt. Den Laib vorsichtig auf ein Blech stürzen und im vorgeheizten Backrohr anfangs bei 250° C backen. Sobald der Laib eine goldbraune Farbe hat, das Backrohr auf 170° C zurückschalten.

Backzeit: ca. 1 1/2 Std.

Bauernbrot

(nur mit Hefe)

(Zutaten für 1 Laib, 22 846 kJ / 5 455 kcal / 84 BE pro Laib)

Zutaten

1 kg Roggenmehl, 300 g Weizenmehl, 50 g Hefe, 1 Esslöffel Salz, 1 Esslöffel Gewürze (Kümmel, Fenchel, Anis, Koriander), ca. 5/8 l lauwarmes Wasser.

Zubereitung

Roggen- und Weizenmehl in eine Schüssel geben. Hefe einbröseln und würzen. Alle Zutaten vermischen, Wasser dazugießen, bis ein mittelfester Teig entsteht. Den Teig gut durchkneten, die Oberfläche glatt streichen und zugedeckt an einem warmen Ort aufgehen lassen.

Wenn sich das Teigvolumen verdoppelt hat, wird ein Laib geformt, den man im Brotkörberl nochmals aufgehen lässt. Das Blech befetten und das Backrohr auf 250° C vorheizen. Den Laib vorsichtig auf das Blech stürzen und die Oberfläche des Laibes mit lauwarmem Wasser bepinseln.

Sobald der Laib goldbraun ist, das Backrohr auf 180° C zurückschalten. In der letzten Viertelstunde der Backzeit das Backrohr ganz ausschalten.

Wenn die Oberfläche des fertig gebackenen Laibes sehr hart ist, die noch heiße Rinde des Laibes mit Wasser bepinseln.

Backzeit: ca. 1 bis 1 1/2 Std.

Bauernbrot
(große Menge)

(Zutaten für 6 Laibe, 28 472 kJ / 6 797 kcal / 104,5 BE pro Laib)

Zutaten

10 kg Roggenmehl, 3 kg Weizenbrotmehl, 500 g Sauerteig, 80 g Hefe, 200 g Salz, ca. 6 gehäufte Esslöffel Brotgewürz (Kümmel, Fenchel, Anis, Koriander), lauwarmes Wasser (insgesamt ca. 7 bis 8 l).

Zubereitung

Den Sauerteig mittags (einige Stunden vor dem Verwenden) in lauwarmem Wasser einweichen. Am Abend das Roggen- und Weizenbrotmehl in den Backtrog sieben. Den eingeweichten Sauerteig möglichst klumpenfrei auflösen und in die Mitte des Mehles in eine Grube seihen.

Beim Eindampfeln (Bereiten des Vorteiges) so viel Mehl einrühren, dass ein dickflüssiger Brei entsteht. Den Backtrog über Nacht zudecken.

Am nächsten Morgen wird der Teig bereitet. Mehl salzen und würzen. Hefe einbröseln oder mit Wasser auflösen und dazugeben. Nun alle Zutaten vermischen und Wasser dazugießen, bis ein mittelfester Teig entsteht. Den Teig gut durchkneten und zugedeckt aufgehen lassen.

Wenn sich das Teigvolumen verdoppelt hat, Laibe formen, in Körberl geben und ca. 45 Minuten aufgehen lassen. Den Elektrobackofen auf 300° C vorheizen. Vor dem Einschießen die Oberfläche des Teiges mit drei Schnitten versehen und waschen (vorausgesetzt, der Teig ist nicht zu weich).

Sobald die Laibe eingeschossen sind, in den Schwellbecher 1/16 l Wasser füllen. Nach ca. 10 Minuten den Schwadenabzug öffnen und die Unterhitze ausschalten. Nach weiteren 20 Minuten die Oberhitze ausschalten.

Backzeit: ca. 1 bis 1 1/2 Std.

Bauernbrot
(mit Sauerteig und Hefe)

(Zutaten für 2 Wecken, 8 452 kJ / 2 018 kcal / 31 BE pro Wecken)

Zutaten

1,25 kg Roggenmehl, 500 g Weizenmehl, 1 Esslöffel Sauerteig, 20 g Hefe, 30 g Salz, 1 Esslöffel Brotgewürz (Kümmel, Fenchel, Anis, Koriander), ca. 1 1/4 lauwarmes Wasser.

Zubereitung

Den Sauerteig in ca. 1/4 l lauwarmem Wasser auflösen. Das Mehl vorbereiten. Den aufgelösten Sauerteig in der Mitte des Mehles eindampfeln. Zugedeckt einige Stunden oder über Nacht stehen lassen.
Hefe einbröseln, Salz und Brotgewürz dazugeben und mit dem Mehl vermischen. Wasser dazugießen und mit den übrigen Zutaten zu einem mittelfesten Teig verarbeiten, den man gut durchknetet. Die Oberfläche glatt streichen und zugedeckt aufgehen lassen, bis sich das Teigvolumen verdoppelt hat. Zwei Wecken formen, die man auf einem befetteten Blech ca. 3/4 Std. aufgehen lässt. Im vorgeheizten Backrohr anfangs bei 250° C backen. Sobald die Oberfläche der Wecken goldbraun ist, die Backtemperatur auf 180° C zurückschalten.

Backzeit: ca. 1 Std.

Haidegger Roggenbrot

(Zutaten für 2 Wecken, 9 659 kJ / 2 305 kcal / 35,5 BE pro Wecken)

Zutaten

1,5 kg Roggenmehl, 1 1/2 gestrichene Esslöffel Salz, 1 Esslöffel Brotgewürz, 2 Esslöffel Sauerteig, 20 g Hefe, ca. 1,1 l lauwarmes Wasser.

Zubereitung

Mehl in eine Schüssel geben. Sauerteig in etwas warmem Wasser auflösen und in das Mehl eindampfeln. Zugedeckt einige Stunden oder über Nacht stehen lassen. Hefe zum Sauerteig einbröseln. Salz und Brotgewürz zum Mehl geben. Alle Zutaten vermischen, Wasser dazugießen bis ein mittelfester Teig entsteht. Teig gut durchkneten, Oberfläche glatt streichen. Zugedeckt auf das doppelte Volumen aufgehen lassen. Aus dem Teig zwei Wecken formen, die man in Brotkörberl oder auf dem Blech ca. 20 Minuten aufgehen lässt.

Im vorgeheizten Backrohr anfangs bei 240° C backen. Sobald die Wecken eine goldbraune Farbe haben, das Backrohr auf 170° C zurückschalten.

Backzeit: ca. 1 1/4 Std.

Haidegger Spezialbrot

(Zutaten für 3 Kastenbrote, 14 868 kJ / 3 548 kcal / 48 BE pro Kastenbrot)

Zutaten

1 kg Roggenschrot, 1 kg Dinkelvollmehl, 1 kg Roggenmehl, 150 g Leinsamen, 150 g Sesam, 100 g Sonnenblumenkerne, 2 Esslöffel Sauerteig, 40 g Hefe, 60 g Salz, 2 Esslöffel Brotgewürz, ca. 2 1/4 l lauwarmes Wasser.

Zubereitung

Den Sauerteig in ca. 1/4 l lauwarmem Wasser auflösen. Das Mehl in eine Schüssel geben. Den Sauerteig in der Mitte des Mehles eindampfeln. Zugedeckt einige Stunden stehen lassen. Leinsamen, Sesam, Sonnenblumenkerne, Salz und Brotgewürz zum Mehl geben. Hefe zum Sauerteig einbröseln. Alle Zutaten vermischen, Wasser dazugießen bis ein mittelfester Teig entsteht. Den Teig gut durchkneten, Oberfläche glatt streichen. Zugedeckt auf das doppelte Volumen aufgehen lassen.

Den Teig zu 3 Kastenbroten formen. Diese lässt man ca. 30 Minuten aufgehen. Die Oberfläche der Kastenbrote mit Wasser bestreichen und mit Leinsamen, Sesam und Sonnenblumenkernen bestreuen.
Im vorgeheizten Backrohr anfangs bei 250° C backen. Sobald die Oberfläche der Kastenbrote goldbraun ist, das Backrohr auf 170° C zurückschalten.

Backzeit: ca. 1 1/2 Std.

Vollkornbrot

(Zutaten für 4 Laibe, 23 515 kJ / 5 617 kcal / 86 BE pro Laib)

Zutaten

4 kg Roggenvollmehl, 1,5 kg Weizenvollmehl, 1,5 kg Weizenmehl, 70 g Hefe, 400 g Sauerteig, 7 gestrichene Esslöffel Salz, Brotgewürz (Kümmel, Fenchel, Anis, Koriander), ca. 4 1/2 l lauwarmes Wasser.

Zubereitung

Sauerteig zu Mittag in lauwarmem Wasser einweichen. Das Mehl vorbereiten. Am Abend in der Mitte des Mehles den aufgelösten Sauerteig eindampfeln. Über Nacht zudecken. Am nächsten Morgen die Hefe in das Mehl bröseln. Salz und Gewürze dazugeben und mit dem Mehl vermischen. Wasser dazugießen und daraus einen mittelfesten Teig bereiten und gut durchkneten, dann die Oberfläche glatt streichen (Hände dabei in lauwarmes Wasser tauchen). Zugedeckt lässt man den Teig aufgehen, bis sich sein Volumen verdoppelt hat. Laibe formen und in den Körberln aufgehen lassen. Im vorgeheizten Elektrobackofen bei 300° C backen (Backtemperatur laut Bedienungsanleitung zurück- bzw. ausschalten).

Backzeit: ca. 1 1/2 Std.

Leinsamenbrot
(nur mit Hefe)

(Zutaten für 3 Kastenbrote, 10 987 kJ / 2 623 kcal / 36 BE pro Kastenbrot)

Zutaten

1,75 kg Roggenmehl, 500 g Weizenmehl, 90 g Hefe, 150 g Leinsamen, 2 gestrichene Esslöffel Salz, 3 Esslöffel Gewürze (Kümmel, Fenchel, Anis, Koriander), ca. 1 1/4 l Wasser.

Zubereitung

Mehl in eine Schüssel geben. Hefe einbröseln und mit dem Mehl vermischen. Leinsamen mit ca. 1/4 l heißem Wasser übergießen – Wasser abseihen. Salz, Gewürze und Leinsamen zum Mehl geben und vermischen.
Lauwarmes Wasser dazugießen und zu einem mittelfesten Teig verarbeiten, den man gut durchknetet. Die Oberfläche glatt streichen und den Teig zugedeckt an einem warmen Ort aufgehen lassen, bis sich das Volumen verdoppelt. Die Kastenformen befetten.
Den Teig auf die bemehlte Arbeitsfläche geben und in drei gleich große Stücke teilen. Diese bringt man in eine Quaderform und gibt sie in die vorbereiteten Kastenformen. Sie sollen aber höchstens bis 1 cm unter dem Rand gefüllt werden, da der Teig durch das nochmalige Aufgehen an Volumen zunimmt.
Im vorgeheizten Backrohr bei 250° C backen. Sobald das Brot an der Oberfläche eine goldbraune Farbe hat, wird das Backrohr auf 180° C zurückgeschaltet. In der letzten Viertelstunde der Backzeit das Backrohr eventuell ganz ausschalten.

Backzeit: ca. 1 1/2 Std.

Leinsamenbrot

(mit Sauerteig und Hefe)

(Zutaten für 1 Laib, 29 734 kJ / 7 099 kcal / 96 BE pro Laib)

Zutaten

1,5 kg Roggenmehl, 0,5 kg Weizenmehl, 1 Esslöffel Sauerteig, 20 g Hefe, 2 gestrichene Esslöffel Salz, 1 Esslöffel Brotgewürz (Kümmel, Fenchel, Anis, Koriander), 150 g Leinsamen, ca. 1 1/2 l lauwarmes Wasser.

Zubereitung

Den Sauerteig in ca. 1/4 l lauwarmem Wasser auflösen. Leinsamen in ca. 1/4 l warmem Wasser einweichen und aufquellen lassen.

Das Mehl vorbereiten, den Sauerteig in eine Grube in die Mitte des Mehles seihen und mit etwas Mehl verrühren. Zugedeckt einige Stunden oder über Nacht stehen lassen. Hefe einbröseln. Salz, Brotgewürz und eingeweichten Leinsamen zum Mehl geben und vermischen. Das restliche Wasser dazugießen und zu einem mittelfesten Teig verarbeiten. Wenn der Teig gut durchgeknetet ist, die Oberfläche des Teiges glatt streichen (dabei die Hand in lauwarmes Wasser tauchen). Den Teig lässt man zugedeckt aufgehen, bis sich das Volumen verdoppelt hat. Einen Laib formen, den man in einem bemehlten Brotkörberl oder auf einem Blech ca. 3/4 Std. aufgehen lässt. Das Backrohr auf 250° C vorheizen.

Sobald der Laib eine goldbraune Farbe hat (nach ca. 20 bis 30 Minuten), das Backrohr auf 180° C zurückschalten. In der letzten Viertelstunde der Backzeit das Backrohr ganz ausschalten.

Backzeit: ca. 1 1/2 Std.

Haidegger Leinsamenbrot

(Zutaten für 6 Laibe, 24 181 kJ / 5 774 kcal / 75 BE pro Laib)

Zutaten

7 kg Roggenmehl, 3 kg Weizenbrotmehl, 500 g Sauerteig, 60 bis 80 g Hefe, 200 g Salz, Brotgewürze (Kümmel, Fenchel, Anis, Koriander), 500 g Leinsamen, ca. 6 bis 7 l lauwarmes Wasser.

Zubereitung

Sauerteig zu Mittag in lauwarmem Wasser einweichen.

Am Abend das Mehl in den Backtrog sieben und den aufgelösten Sauerteig eindampfeln. Den Backtrog zudecken. Den Leinsamen in ca. 1 l Wasser einweichen.

Am nächsten Morgen die Hefe in das Dampfl (Vorteig) bröseln. Mehl salzen und würzen. Den eingeweichten Leinsamen zum Mehl geben und die übrigen Zutaten trocken vermischen. Wasser dazugießen und daraus einen mittelfesten Teig bereiten, den man gut durchknetet.

Zugedeckt aufgehen lassen, bis sich das Teigvolumen verdoppelt hat. Laibe formen, in den Brotkörberln nochmals aufgehen lassen, mit drei Einschnitten versehen und die Oberfläche mit lauwarmem Wasser abwaschen, falls der Teig nicht zu weich ist.

Im vorgeheizten Elektrobackofen bei 300° C backen (Backtemperatur laut Bedienungsanleitung zurück- bzw. ausschalten).

Backzeit: ca. 1 bis 1 1/2 Std.

Schrotbrot

(Zutaten für 3 Kastenbrote, 9 098 kJ / 2 174 kcal / 33,5 BE pro Kastenbrot)

Zutaten

3/4 kg Roggenschrot grob, 1/2 kg Weizenschrot fein, 3/4 kg Weizenmehl, 120 g Sauerteig, 30 g Hefe, 2 gestrichene Esslöffel Salz, 3 bis 4 Esslöffel gemahlene Gewürze (Kümmel, Fenchel, Anis, Koriander), ca. 1 bis 1 1/4 l lauwarmes Wasser.

Zubereitung

Roggen- und Weizenschrot mit ca. 1/2 l heißem Wasser überbrühen und quellen lassen. Weizenmehl in eine Schüssel geben.
Den Sauerteig in etwas Wasser auflösen und in das Weizenmehl eindampfeln. Nach einigen Stunden bzw. am nächsten Morgen den Teig bereiten. Hefe einbröseln, eingeweichten Schrot und die Gewürze dazugeben. Alle Zutaten vermischen. Falls noch zu wenig Flüssigkeit dabei ist, noch etwas Wasser dazugießen.
Wenn der Teig die richtige Festigkeit hat, wird er gut durchgeknetet und dann die Oberfläche glatt gestrichen. Zugedeckt an einem warmen Ort aufgehen lassen. Wenn sich das Volumen verdoppelt hat, den Teig in drei gleichmäßige Stücke teilen, formen und in die befetteten Kastenformen geben. Vor dem Backen nochmals aufgehen lassen (ca. 1/2 bis 3/4 Std.).
Im vorgeheizten Backrohr bei 250° C backen. Sobald die Kastenbrote eine goldbraune Oberfläche haben, auf 180° C zurückschalten.

Backzeit: ca. 1 1/2 Std.

Zwiebelbrot

(Zutaten für 2 Wecken, 10 969 kJ / 2 620 kcal / 37 BE pro Wecken)

Zutaten

1 kg Roggenmehl, 1/2 kg Weizenmehl, 60 g Hefe, 1 gestrichener Esslöffel Salz, 3 bis 4 mittelgroße Zwiebeln, 1 Esslöffel Brotgewürz (Kümmel, Fenchel, Anis, Koriander), ca. 3/4 l lauwarmes Wasser, Öl bzw. Schweinefett zum Anrösten, Ei zum Bestreichen.

Zubereitung

Zwiebeln schneiden, goldgelb anrösten und auskühlen lassen. In der Zwischenzeit Mehl in eine Schüssel geben, Hefe einbröseln. Salz und Gewürze sowie das Wasser dazugeben und mit dem Mehl vermischen.

Wenn der Teig die richtige Festigkeit hat (mittelfest), die gerösteten Zwiebeln noch lauwarm unter den Teig kneten.

Die Oberfläche des Teiges glattstreichen und zudecken. Den Teig lässt man an einem warmen Ort aufgehen, bis sich das Volumen verdoppelt hat.

Zwei Wecken formen, die man auf einem befetteten Blech noch ca. 15 Minuten aufgehen lässt.

Die Oberfläche der Wecken mit 2 bis 3 schrägen Schnitten versehen und kurz vor dem Backen mit zerklopftem Ei bestreichen. Im vorgeheizten Backrohr bei 200° C backen.

Backzeit: ca. 1 Std.

Vollkornbrot mit Leinsamen und Sesam

(Zutaten für 2 Wecken, 8 735 kJ / 2 087 kcal / 27 BE pro Wecken)

Zutaten

500 g Roggenvollmehl, 600 g Weizenvollmehl, 50 g Hefe, 1 gestrichener Esslöffel Salz, 50 g geschroteten Leinsamen, 50 g Sesam, 1 Esslöffel Brotgewürz (Kümmel, Fenchel, Anis, Koriander), ca. 3/4 l lauwarmes Wasser, Ei zum Bestreichen, Sesam zum Bestreuen.

Zubereitung

Roggen- und Weizenvollmehl in eine Schüssel geben, Leinsamen, Sesam, Salz und Gewürze mit dem Mehl vermischen.
Hefe einbröseln und Wasser dazugießen. Daraus einen mittelfesten Teig bereiten, den man durchknetet und aufgehen lässt.
Anschließend zwei Wecken oder zwei kleine Laibchen formen, die man auf ein befettetes Blech legt. Die Brote aufgehen lassen, mit zerklopftem Ei bestreichen und mit Sesam bestreuen. Im vorgeheizten Backrohr bei 200° C backen. Die Temperatur eventuell zurückschalten, sobald das Brot eine goldgelbe Farbe hat.

Backzeit: ca. 3/4 Std.

Vollkornbrot mit Leinsamen und ganzen Getreidekörnern

(Zutaten für 2 Wecken, 11 785 kJ / 2 815 kcal / 37 BE pro Wecken)

Zutaten

800 g Roggenvollmehl, 500 g Weizenmehl, 200 g Weizen, 1 Esslöffel Sauerteig, 20 g Hefe, 100 g Leinsamen, 30 g Salz, 1 Esslöffel Brotgewürz (Kümmel, Fenchel, Anis, Koriander), ca. 1 l lauwarmes Wasser, Sesam und Leinsamen zum Bestreuen.

Zubereitung

Den Weizen in ca. 3/4 l Wasser weich kochen und auskühlen lassen. Den Sauerteig in ca. 1/4 l lauwarmem Wasser auflösen. Den Leinsamen in ca. 1/4 l warmem Wasser einweichen und aufquellen lassen. Das Mehl vorbereiten und den aufgelösten Sauerteig in der Mitte des Mehles eindampfeln. Zugedeckt einige Stunden oder über Nacht stehen lassen.

Hefe einbröseln, Brotgewürz, Salz, eingeweichten Leinsamen und die weich gekochten Weizenkörner zum Mehl geben und vermischen. Lauwarmes Wasser dazugießen, sodass ein mittelfester Teig entsteht. Den Teig gut durchkneten und die Oberfläche glatt streichen. Zugedeckt aufgehen lassen, bis sich das Teigvolumen verdoppelt. Zwei Wecken formen, die man auf einem befetteten Blech ca. 3/4 Std. aufgehen lässt. Kurz vor dem Backen die Oberfläche der Wecken mit lauwarmem Wasser bestreichen und mit Sesam und Leinsamen bestreuen.

Im vorgeheizten Backrohr bei 250° C backen. Sobald die Oberfläche der Wecken goldbraun ist, die Backtemperatur auf 180° C zurückschalten.

Backzeit: ca. 1 Std.

Kartoffelbrot

(Zutaten für 1 Laib, 17311 kJ / 4131 kcal / 64 BE pro Laib)

Zutaten

1 kg Roggenmehl, 250 g Weizenmehl, 1 Esslöffel Sauerteig, 20 g Hefe, 1 Esslöffel Salz, 300 g gekochte, passierte Kartoffeln, 1 Esslöffel Brotgewürz (Kümmel, Fenchel, Anis, Koriander), ca. 7/8 l lauwarmes Wasser.

Zubereitung

Den Sauerteig in ca. 1/4 l lauwarmem Wasser auflösen. Das Mehl in eine Schüssel geben und den aufgelösten Sauerteig in der Mitte des Mehles eindampfeln. Zugedeckt einige Stunden oder über Nacht stehen lassen.

Hefe einbröseln. Die gekochten, passierten Kartoffeln sowie Salz und Brotgewürz zum Mehl geben und vermischen.

Das restliche Wasser dazugießen und gut durchkneten. Die Oberfläche des Teiges glatt streichen und zugedeckt aufgehen lassen. Wenn sich das Teigvolumen verdoppelt hat, einen Laib formen. Den Laib lässt man in einem bemehlten Brotkörberl ca. 3/4 Std. aufgehen.

Das Backrohr auf 250° C vorheizen. Den Laib vorsichtig auf das Blech stürzen und backen. Sobald der Laib eine goldbraune Farbe hat, wird das Backrohr auf 180° C zurückgeschaltet.

Backzeit: ca. 1 1/4 Std.

Kürbiskernbrot

(Zutaten für 2 Wecken, 12 975 kJ / 3 098 kcal / 37 BE pro Wecken)

Zutaten

1 kg Roggenmehl, 1/2 kg Weizenmehl, 1 gehäufter Esslöffel Sauerteig, 30 g Hefe, 250 g geriebene Kürbiskerne, 30 g Salz, 1 bis 2 Esslöffel Brotgewürz (Kümmel, Fenchel, Anis, Koriander), ca. 1/4 l lauwarmes Wasser (insgesamt).

Zubereitung

Das Mehl vorbereiten. Den Sauerteig in etwas lauwarmem Wasser auflösen und in die Mitte des Mehles in eine Grube seihen.

In das Sauerteig-Wasser-Gemisch so viel Mehl einrühren, dass ein dickflüssiger Brei entsteht. Zugedeckt lässt man die Schüssel nun über Nacht bzw. einige Stunden stehen.

Die Hefe einbröseln. Salz, Brotgewürz und geriebene Kürbiskerne zum Mehl geben. Nun alle Zutaten gut durchmischen, Wasser dazugießen und einen mittelfesten Teig bereiten, den man gut durchknetet.

Die Oberfläche des Teiges glatt streichen und aufgehen lassen, bis sich das Teigvolumen verdoppelt hat.

Aus dem Teig zwei Wecken formen, die man auf dem Blech ca. 30 Minuten aufgehen lässt.

Kurz vor dem Backen die Oberfläche der Wecken mit lauwarmem Wasser bestreichen und mit gehackten Kürbiskernen bestreuen. Im vorgeheizten Backrohr anfangs bei 250° C backen. Sobald die Wecken eine goldbraune Farbe haben, wird auf 180° C zurückgeschaltet.

Backzeit: 3/4 bis 1 Std.

Dinkelbrot

(Zutaten für 2 Kastenbrote, 9 368 kJ / 2 236 kcal / 24 BE pro Kastenbrot)

Zutaten

1 kg Dinkelvollmehl, 80 g Leinsamen, 80 g Sonnenblumenkerne, 80 g Sesam, 1 gestrichener Esslöffel Salz, evtl. 1 Teelöffel Brotgewürz, 40 g Hefe, ca. 1 l lauwarmes Wasser.

Zubereitung

Dinkelvollmehl in eine Schüssel geben. Leinsamen, Sonnenblumenkerne, Sesam, Salz und Brotgewürz dazugeben und mit dem Mehl vermischen. Hefe einbröseln, Wasser dazugießen und gut verrühren. (Dieser Teig ist im Vergleich zum herkömmlichen Brotteig eher weich).

Zwei Kastenformen gut befetten, den Teig sofort einfüllen und in das kalte Backrohr stellen.

Das Backrohr auf 200° C einschalten und backen. Beim Backen des Dinkelbrotes ein Gefäß mit Wasser in das Backrohr stellen.

Das Dinkelbrot sofort nach dem Backen aus der Kastenform geben und langsam auskühlen lassen.

Backzeit: ca. 1 1/4 Std.

Topfenbrot

(Zutaten für 1 Wecken, 9 566 kJ / 2 285 kcal / 26 BE pro Wecken)

Zutaten

500 g Weizenmehl, 20 g Hefe, 1 Kaffeelöffel Salz, 40 g Fett (Margarine, Butter), 100 g Topfen, 1/4 l lauwarme Milch.

Zubereitung

Mehl in eine Schüssel geben, Hefe einbröseln und mit dem Mehl vermischen, Salz und passierten Topfen dazugeben. Zerlassenes Fett und die Milch lauwarm beimengen und mit den restlichen Zutaten zu einem Teig verarbeiten. Diesen so lange kneten, bis er sich von der Schüssel und von den Händen löst.

Zugedeckt an einem warmen Ort aufgehen lassen. Wenn sich das Teigvolumen verdoppelt hat, wird ein Wecken geformt. Diesen lässt man auf einem befetteten Blech ca. 30 Minuten aufgehen. Im vorgeheizten Backrohr bei 200° C backen.

Backzeit: ca. 45 Minuten.

Kräuterbrot

(Zutaten für 1 Wecken, 12 424 kJ/2 968 kcal/36 BE pro Wecken)

Zutaten

500 g Weizenmehl, 200 g Roggenmehl, 30 g Hefe, 1 Kaffeelöffel Salz, 1 Kaffeelöffel gemahlener Kümmel, ca. 3/8 l lauwarme Milch, 60 g Fett, Kräuter (z. B. 1 Bund Petersilie, 1 Bund Schnittlauch, Kresse, etwas Kerbel, Estragon, Liebstöckl).

Zubereitung

Mehl in eine Schüssel geben, Hefe einbröseln und mit dem Mehl vermischen. Die fein geschnittenen Kräuter sowie die übrigen Zutaten dazugeben und einen Teig bereiten, den man gut durchknetet. Zugedeckt aufgehen lassen, bis sich das Volumen verdoppelt hat. Einen Wecken formen, den man nochmals ca. 20 Minuten aufgehen lässt. Kurz vor dem Backen mit lauwarmer Milch bestreichen. Im vorgeheizten Backrohr bei 190° C backen.

Backzeit: ca. 45 Minuten.

Pikant gefülltes Kräuterbrot

(Zutaten für 1 Wecken, 13 790 kJ / 3 296 kcal / 39 BE pro Wecken)

Zutaten

500 g Weizenmehl, 200 g Weizenvollmehl, 30 g Hefe, 1 gehäufter Kaffeelöffel Salz, ca. 3/8 l lauwarme Milch.

Fülle: 80 g Fett, 1 Zwiebel, 2 Knoblauchzehen, Kräuter und zwar Schnittlauch, Petersilie, Kerbel, Dill, Estragon, Liebstöckl und Kresse.

Zubereitung

Mehl in eine Schüssel geben, Hefe einbröseln und mit dem Mehl vermischen. Salz und Milch dazugeben und zu einem Teig verarbeiten, den man gut durchknetet. Zugedeckt aufgehen lassen, bis sich das Volumen verdoppelt hat.

Den Teig rechteckig ausrollen, mit dem zerlassenen Fett bestreichen und mit den fein gewiegten Kräutern bestreuen. Knoblauch und Zwiebel fein hacken und gleichmäßig verteilen. Den Teig am Rand einschlagen und einrollen. Auf ein befettetes Blech legen und nochmals aufgehen lassen. Vor dem Backen an der Oberfläche mehrmals mit einer Gabel einstechen und mit zerklopftem Ei bestreichen. Im vorgeheizten Backrohr bei 190° C backen.

Backzeit: ca. 45 Minuten.

Buttermilchbrot

(Zutaten für 2 Wecken, 6 407 kJ / 1 532 kcal / 19,5 BE pro Wecken)

Zutaten

750 g Weizenmehl, 30 g Hefe, 1 gehäufter Teelöffel Salz, 60 g Fett (Margarine, Butter), ca. 3/8 l Buttermilch.

Zubereitung

Mehl in eine Schüssel geben, Hefe einbröseln oder ein Dampfl (Vorteig) bereiten. Salz, zerlassenes Fett und lauwarme Buttermilch mit dem Mehl vermischen und daraus einen mittelfesten Teig bereiten, den man gut durchknetet und zugedeckt aufgehen lässt. Wenn sich das Volumen verdoppelt hat, den Teig halbieren und daraus 2 Wecken formen, die man auf einem befetteten Blech ca. 15 bis 20 Minuten aufgehen lässt. Kurz vor dem Backen mit lauwarmer Milch oder zerklopftem Ei bestreichen. Im vorgeheizten Backrohr bei 190° C backen. Dieses Brot ist im Geschmack eher neutral und passt sehr gut zu Wurst, Schinken, Käse, Topfen usw.

Backzeit: ca. 40 Minuten.

Einfaches Milchbrot

(Zutaten für 2 Wecken, 10 497 kJ / 2 509 kcal / 30,5 BE pro Wecken)

Zutaten

1 kg Weizenmehl, 40 g Hefe, 1 gestrichener Esslöffel Salz, 100 g Zucker, 120 g Fett (Margarine oder Schweinefett), ca. 5/8 l lauwarme Milch.

Zubereitung

Mehl in eine Schüssel geben, Hefe einbröseln und mit dem Mehl vermischen. Salz und Zucker zum Mehl geben. Fett zerlassen, Milch erwärmen. Fett und Milch lauwarm mit den übrigen Zutaten zu einem mittelfesten Teig verarbeiten, den man gut durchknetet und aufgehen lässt. Wenn sich das Teigvolumen verdoppelt hat, zwei Wecken formen. Die Wecken lässt man auf einem befetteten Blech ca. 30 Minuten aufgehen. Vor dem Backen mit lauwarmer Milch bestreichen.
Im vorgeheizten Backrohr bei 190° C backen.

Backzeit: ca. 3/4 Std.

Milchbrot mit Rosinen

(Zutaten für 1 Wecken, 18 613 kJ / 4 448 kcal / 54 BE pro Wecken)

Zutaten

750 g Weizenmehl, 30 g Hefe, 1 gehäufter Kaffeelöffel Salz, 80 g Zucker, 100 g Rosinen, Rum, Vanillezucker, 80 g Fett (Margarine, Schweinefett), 2 Eier, ca. 3/8 l lauwarme Milch.

Zubereitung

Rosinen, Salz, Zucker und Vanillezucker mit dem Mehl in einer Schüssel vermischen. Die Hefe einbröseln. Fett zerlassen, Eier zerklopfen, Milch erwärmen. Die flüssigen Zutaten (Eier, Milch, Fett, Rum) lauwarm mit den übrigen Zutaten vermischen. Den Teig gut durchkneten und zugedeckt aufgehen lassen. Wenn sich das Teigvolumen verdoppelt hat, einen Wecken formen. Auf einem befetteten Blech lässt man den Wecken ca. 1/2 Std. aufgehen. Kurz vor dem Backen den Wecken mit lauwarmer Milch oder mit einem zerklopften Ei bestreichen. Im vorgeheizten Backrohr bei 190° backen.

Backzeit: ca. 3/4 Std.

Milchbrot mit Dinkelvollmehl

(Zutaten für 2 Wecken, 11 255 kJ / 2 687 kcal / 30,5 BE pro Wecken)

Zutaten

500 g Dinkelvollmehl, 500 g Weizenmehl, 40 g Hefe, 1 gehäufter Kaffeelöffel Salz, 100 g Zucker, 120 g Fett (Butter oder Margarine), 3 Dotter, Rum, Vanillezucker, ca. 1/2 l lauwarme Milch.

Zubereitung

Aus den angeführten Zutaten einen mittelfesten Hefeteig bereiten, den man zugedeckt aufgehen lässt. Wenn sich das Teigvolumen verdoppelt hat, zwei Wecken formen.

Diese lässt man auf einem befetteten Blech ca. 30 Minuten aufgehen. Kurz vor dem Backen die Oberfläche der Wecken mit einem zerklopften Ei bestreichen. Im vorgeheizten Backrohr bei 190° C backen.

Backzeit: ca. 3/4 Std.

Toastbrot

(Zutaten für 1 Kastenbrot, 10 269 kJ / 2 453 kcal / 27 BE pro Kastenbrot)

Zutaten

500 g Weizenmehl, 20 g Hefe, 1 Kaffeelöffel Salz, 60 g Fett (Butter, Margarine oder Schweinefett), ca. 3/8 l lauwarme Milch.

Zubereitung

Das Mehl in eine Schüssel geben, Hefe einbröseln und mit dem Mehl vermischen. Salz, zerlassenes Fett und lauwarme Milch dazugeben und zu einem Teig verarbeiten, den man gut durchknetet. Zugedeckt lässt man den Teig aufgehen, bis sich das Teigvolumen verdoppelt hat.

Den Teig in eine befettete Kastenform geben und nochmals ca. 1/2 Std. aufgehen lassen. Die Oberfläche kurz vor dem Backen mit lauwarmer Milch bestreichen. Im vorgeheizten Backrohr bei 190° C backen.

Backzeit: ca. 3/4 bis 1 Std.

Baguette

(Zutaten für 1 Stück, 11 127 kJ / 2 659 kcal / 26 BE pro Stück)

Zutaten

500 g Weizenmehl, 30 g Hefe, 1 Teelöffel Salz, 3 Esslöffel Öl, ca. 1/8 l lauwarmes Wasser, 1/8 l lauwarme Milch.

Zubereitung

Mehl in eine Schüssel geben. Hefe einbröseln und mit dem Mehl vermischen. Salz und Öl dazugeben. Wasser und Milch dazugießen und einen mittelfesten Teig bereiten, den man gut durchknetet. Zugedeckt auf das doppelte Volumen aufgehen lassen. Den Teig zu einem Rechteck ausrollen und von der Längsseite einrollen. Die Rolle auf ein Blech legen, mit zerklopftem Ei bestreichen. Mit einem Messer die Oberfläche in Abständen von ca. 5 cm schräg einschneiden und ca. 15 Minuten aufgehen lassen.

Backzeit: Im vorgeheizten Backrohr anfangs bei 210° C backen. Nach 10 Minuten das Backrohr auf 180° C zurückschalten und noch ca. 20 Minuten backen.

Vollkornbrot mit Dinkel und Leinsamen

(Zutaten für 3 Kastenbrote, 9 528 kJ / 2 273 kcal / 32 BE pro Kastenbrot)

Zutaten

1 kg Roggenschrot, 1 kg Dinkelvollmehl, 100 g geschroteten Leinsamen, 120 g Sauerteig, 20 g Hefe, 2 gestrichene Esslöffel Salz, 2 Esslöffel Brotgewürz (Kümmel, Fenchel, Anis, Koriander), ca. 1 1/2 l lauwarmes Wasser.

Zubereitung

Den Sauerteig in ca. 1/4 l lauwarmem Wasser auflösen. Roggenschrot und Dinkelvollmehl in eine Schüssel geben. Den aufgelösten Sauerteig in der Mitte des Mehles eindampfeln und zugedeckt einige Stunden bzw. über Nacht stehen lassen. Hefe einbröseln, Salz, Brotgewürz und geschroteten Leinsamen dazugeben und mit dem Mehl vermischen, Wasser dazugießen und mit den übrigen Zutaten zu einem mittelfesten Teig verarbeiten. Die Oberfläche glatt streichen und zugedeckt aufgehen lassen. Wenn sich das Teigvolumen verdoppelt hat, den Teig in drei gleich große Stücke teilen, formen und in die befetteten Kastenformen geben. Vor dem Backen ca. 1/2 bis 3/4 Std. aufgehen lassen. Im vorgeheizten Backrohr bei 250° C backen. Sobald die Oberfläche der Kastenbrote goldbraun ist, auf 180° C zurückschalten.

Backzeit: ca. 1 1/2 Std.

Vollkornbrot mit ganzen Dinkelkörnern, Sonnenblumenkernen, Leinsamen und Sesam

(Zutaten für 1 Laib bzw. 2 Kastenbrote, 29 328 kJ / 7 004 kcal / 97 BE pro Laib)

Zutaten

1 kg Roggenschrot, 800 g Weizenmehl, 200 g Dinkelkörner, 1 gehäufter Esslöffel Sauerteig, 20 g Hefe, 2 Esslöffel Sonnenblumenkerne, 2 Esslöffel Leinsamen, 2 Esslöffel Sesam, 40 g Salz, 1 Esslöffel Brotgewürz (Kümmel, Fenchel, Anis, Koriander), ca. 1 1/2 l lauwarmes Wasser.

Zubereitung

Dinkelkörner in ca. 1 l Wasser weich kochen, abseihen und auskühlen lassen. Den Sauerteig in 1/4 l lauwarmem Wasser auflösen. Roggenschrot und Weizen-

mehl in eine Schüssel geben. Den aufgelösten Sauerteig in die Mitte des Mehles in eine Grube seihen und mit etwas Mehl klumpenfrei verrühren. Zugedeckt einige Stunden bzw. über Nacht stehen lassen. Die Hefe zum Sauerteig einbröseln.
Die gekochten Dinkelkörner, die Sonnenblumenkerne, den Leinsamen und den Sesam zum Mehl geben. Salz und Brotgewürz beifügen und mit allen Zutaten vermischen. Noch ca. 1 1/4 l lauwarmes Wasser dazugießen und zu einem mittelfesten Teig verarbeiten. Den Teig gut durchkneten, die Oberfläche glatt streichen und zugedeckt aufgehen lassen, bis sich das Teigvolumen verdoppelt hat. Einen Laib oder 2 Kastenbrote formen und nochmals ca. 1/2 Std. gehen lassen. Im vorgeheizten Backrohr anfangs bei 250° C backen. Sobald das Brot eine goldbraune Farbe hat, das Backrohr auf 170° C zurückschalten.

Backzeit: ca. 1 1/2 Std.

Fladenbrot

(Zutaten für 1 Laib, 13 089 kJ / 3 125 kcal / 48 BE pro Laib)

Zutaten

750 g Roggenmehl, 250 g Weizenmehl, 1 Esslöffel Sauerteig, 20 g Hefe, 1 gestrichener Esslöffel Salz, 1 Kaffeelöffel Brotgewürz (Kümmel, Fenchel, Anis, Koriander), ca. 1 l lauwarmes Wasser.

Zubereitung

Den Sauerteig in 1/4 l lauwarmem Wasser auflösen. Das Mehl vorbereiten. Den aufgelösten Sauerteig in die Mitte des Mehles in eine Grube seihen und mit etwas Mehl klumpenfrei verrühren. Zugedeckt einige Stunden bzw. über Nacht stehen lassen. Die Hefe zum Sauerteig einbröseln. Salz und Brotgewürz zum Mehl geben. Alle Zutaten vermischen, die restlichen 3/4 l lauwarmes Wasser dazugießen und zu einem Teig verarbeiten. Den Teig gut durchkneten, die Oberfläche glattstreichen (dabei die Hand in lauwarmes Wasser tauchen). Den Teig zugedeckt aufgehen lassen, bis sich das Teigvolumen verdoppelt hat. Einen Laib formen, den man in einem Körberl nochmals ca. 1/2 Std. gehen lässt. Das Backrohr auf 250° C vorheizen. Den Laib auf ein Backblech stürzen und im Backrohr anfangs bei 250° C backen. Sobald der Laib eine goldbraune Farbe hat, das Backrohr auf 160° C zurückschalten.

Backzeit: ca. 1 1/4 Std.

Körndlbrot

(Zutaten für 1 Laib, 26 920 kJ / 6 428 kcal / 86 BE pro Laib)

Zutaten

1 kg Roggenmehl, 500 g Weizenvollmehl, 200 g Dinkelkörner, 50 g Leinsamen, 50 g Sonnenblumenkerne, 50 g Sesam, 1 Esslöffel Sauerteig, 20 g Hefe, 1 gehäufter Esslöffel Brotgewürz (Kümmel, Fenchel, Anis, Koriander), 2 gestrichene Esslöffel Salz, ca. 1 1/2 l lauwarmes Wasser.

Zubereitung

Dinkelkörner in 1 l Wasser weich kochen, abseihen und auskühlen lassen.
Das Mehl in eine Schüssel geben. Den Sauerteig in etwas lauwarmem Wasser auflösen, in die Mitte des Mehles in eine Grube seihen und mit etwas Mehl klumpenfrei verrühren. Zugedeckt über Nacht bzw. einige Stunden stehen lassen. Die gekochten Dinkelkörner, Leinsamen, Sonnenblumenkerne, Sesam, Brotgewürz und Salz zum Mehl geben. Die Hefe zum Sauerteig einbröseln. Alle Zutaten vermischen, Wasser dazugießen, bis ein mittelfester Teig entsteht. Die Oberfläche glatt streichen und zugedeckt aufgehen lassen. Wenn sich das Teigvolumen ver-

doppelt hat, einen Laib formen. Diesen lässt man ca. 30 Minuten aufgehen. Auf einem Blech im vorgeheizten Backrohr bei 270° C backen. Sobald der Laib eine goldbraune Oberfläche hat, das Backrohr auf ca. 170° C zurückschalten.

Backzeit: ca. 1 1/2 Std.

Nussbrot

(Zutaten für 2 Kastenbrote, 15 174 kJ / 3 624 kcal / 45 BE pro Kastenbrot)

Zutaten

1 kg Roggenmehl, 800 g Weizenmehl, 250 g Walnüsse, 1 Esslöffel Sauerteig, 20 g Hefe, 1 Esslöffel Brotgewürz (Kümmel, Fenchel, Anis, Koriander), 2 gestrichene Esslöffel Salz, ca. 1 1/4 l lauwarmes Wasser.

Zubereitung

Das Mehl in eine Schüssel geben. Sauerteig in etwas lauwarmem Wasser auflösen, in die Mitte des Mehles in eine Grube seihen und mit etwas Mehl klumpenfrei verrühren. Zugedeckt über Nacht oder einige Stunden stehen lassen. Grobgehackte Walnüsse, Brotgewürz und Salz zum Mehl geben. Hefe zum Sauerteig einbröseln. Alle Zutaten vermischen, Wasser dazugießen, bis ein mittelfester Teig entsteht. Den Teig gut durchkneten, die Oberfläche glatt streichen. Zugedeckt lässt man den Teig auf das doppelte Volumen aufgehen. Den Teig halbieren, zu zwei Kastenbroten formen und in zwei befettete Kastenformen geben. Die Kastenbrote lässt man ca. 20 bis 30 Minuten aufgehen. Im vorgeheizten Backrohr bei 250° C backen. Nach ca. 15 Minuten, sobald das Brot an der Oberfläche goldbraun ist, Backrohr auf ca. 170° zurückschalten.

Backzeit: ca. 1 1/2 Std.

Kleingebäck süß & salzig

Aus 1000 g Mehl können je nach Wunsch 20 bis 35 Stück geformt werden.
Bitte beachten: Kleinere Weckerln haben eine kürzere Backzeit als große!

Mohnweckerln

(Zutaten für 25 Stück, 962 kJ/230 kcal/2,5 BE pro Stück)

Zutaten
1 kg Weizenmehl, 40 g Hefe, 1 gestrichener Esslöffel Salz, 80 g Zucker, 100 g Fett (Margarine, Butter), 2 Dotter, Rum, Vanillezucker, ca. 1/2 l Milch, Ei zum Bestreichen, Mohn zum Bestreuen.

Zubereitung
Mehl in eine Schüssel geben. Hefe einbröseln oder ein Dampfl (Vorteig) bereiten. Salz, Zucker, Vanillezucker und Rum mit dem Mehl vermischen. Fett zerlassen und die Milch erwärmen. Dotter mit der lauwarmen Milch versprudeln, zerlassenes Fett dazugeben und einen ziemlich festen Teig bereiten, den man gut durchknetet und zugedeckt aufgehen lässt. Wenn sich das Teigvolumen verdoppelt hat, die Weckerln formen und aufgehen lassen. Kurz vor dem Backen mit zerklopftem Ei bestreichen und mit Mohn bestreuen. Im vorgeheizten Backrohr bei 220° C backen.

Backzeit: ca. 15 Minuten.

Haidegger Sesamlaibchen

(Zutaten für 20 Stück, 1 217 kJ/291 kcal/3,5 BE pro Stück)

Zutaten

500 g Weizenvollmehl, 500 g Weizenmehl, 40 g Hefe, 3 Dotter, 100 g Fett (Butter oder Margarine), 80 g Zucker, 1 Teelöffel Salz, Rum, Vanillezucker, ca. 1/2 l lauwarme Milch, Ei zum Bestreichen, Sesam zum Bestreuen.

Zubereitung

Weizenvollmehl und Weizenmehl in eine Schüssel geben. Hefe einbröseln, mit dem Mehl vermischen und Zucker, Salz und Vanillezucker dazugeben. Dotter mit der lauwarmen Milch versprudeln und zerlassenes Fett und einen Schuss Rum dazugeben.

Daraus einen Teig bereiten, den man gut durchknetet und zugedeckt aufgehen lässt.

Kleine Laibchen formen, die man auf ein befettetes Blech legt und nochmals aufgehen lässt. Vor dem Backen mit zerklopftem Ei bestreichen und mit Sesam bestreuen. Im vorgeheizten Backrohr bei 220° C backen.

Backzeit: ca. 15 bis 20 Minuten.

Rosinenweckerln

(Zutaten für 20 Stück, 1 068 kJ/255 kcal/3,5 BE pro Stück)

Zutaten

500 g Weizenvollmehl, 500 g Weizenmehl, 40 g Hefe, 40 g Zucker, 120 g Rosinen, 2 Dotter, 80 g Fett (Margarine, Butter), Rum, Vanillezucker, 1 Teelöffel Salz, ca. 1/2 l Milch.

Zubereitung

Mehl in eine Schüssel geben, Hefe einbröseln oder ein Dampfl (Vorteig) bereiten. Alle trockenen Zutaten wie Salz, Zucker, Vanillezucker und Rosinen mit dem Mehl vermischen. Fett zerlassen, Milch erwärmen und mit den Dottern versprudeln. Rum, zerlassenes Fett und Milch mit den übrigen Zutaten zu einem mittelfesten Teig verarbeiten. Nach dem Kneten zugedeckt aufgehen lassen, bis sich das Teigvolumen verdoppelt hat. Weckerln formen, auf ein befettetes Blech legen und ca. 15 Minuten aufgehen lassen. Mit zerklopftem Ei bestreichen. Im vorgeheizten Backrohr bei 220° C backen.

Backzeit: ca. 20 Minuten.

Vollmilchbrötchen

(Zutaten für 15 Stück, 714 kJ / 170 kcal / 2,5 BE pro Stück)

Zutaten

400 g Roggenvollmehl, 300 g Weizenvollmehl, 30 g Hefe, 1 Teelöffel Salz, 1 Esslöffel Brotgewürz (Kümmel, Fenchel, Anis, Koriander), 3/8 l bis 1/2 l lauwarmes Wasser, Ei zum Bestreichen, Kümmel zum Bestreuen.

Zubereitung

Mehl in eine Schüssel geben, Hefe einbröseln und die Gewürze dazugeben. Die Zutaten trocken vermischen, Wasser dazugießen und daraus einen Teig bereiten, den man gut durchknetet; zugedeckt aufgehen lassen, bis sich das Volumen verdoppelt hat. Kleine Laibchen formen, auf ein befettetes Blech legen und nochmals ca. 15 bis 20 Minuten aufgehen lassen. Mit zerklopftem Ei bestreichen und mit Kümmel bestreuen. Im vorgeheizten Backrohr bei 220° C backen.

Backzeit: ca. 20 Minuten.

Salzstangerln

(Zutaten für 15 Stück, 1 001 kJ / 239 kcal / 3 BE pro Stück)

Zutaten

400 g Weizenvollmehl, 400 g Weizenmehl, 30 g Hefe, 1 Teelöffel Salz, 80 g Fett (Margarine, Butter), ca. 3/8 l Milch (eventuell schwach 1/2 l), Milch oder Ei zum Bestreichen, Grobsalz und Kümmel zum Bestreuen.

Zubereitung

Mehl in eine Schüssel geben, Hefe einbröseln, salzen, lauwarme Milch und zerlassenes Fett zum Mehl geben und gut vermischen. Teig durchkneten, bis er Blasen bildet.

Zugedeckt aufgehen lassen und ausarbeiten – Stangerln formen. Die Stangerln auf ein befettetes Blech legen und ca. 20 Minuten aufgehen lassen. Mit Milch oder zerklopftem Ei bestreichen, mit Grobsalz und Kümmel bestreuen.

Im vorgeheizten Backrohr bei 220° C backen.

Wenn die Stangerln mit zerklopftem Ei bestrichen werden, so erhalten sie eine schöner glänzende Oberfläche.

Backzeit: ca. 15 Minuten.

Frühstücksweckerln

(Zutaten für 25 Stück, 544 kJ / 130 kcal / 2 BE pro Stück)

Zutaten

500 g Roggenvollmehl, 500 g Weizenmehl, 40 g Hefe, 1 gestrichener Esslöffel Salz, 1 Esslöffel gemahlener Kümmel, 1 Esslöffel gemahlener Koriander, ca. 1/2 l lauwarmes Wasser, Ei zum Bestreichen.

Zubereitung

Mehl in eine Schüssel geben, Hefe einbröseln, Salz und Gewürze mit dem Mehl vermischen. Wasser dazugießen und daraus einen Teig bereiten, den man gut durchknetet und aufgehen lässt. Wenn sich sein Volumen verdoppelt hat, kleine Weckerln formen. Diese auf ein befettetes Blech legen und an der Oberfläche zweimal schräg einschneiden. Die geformten Weckerln ca. 30 Minuten aufgehen lassen und mit zerklopftem Ei bestreichen. Im vorgeheizten Backrohr bei 220° C backen.

Backzeit: ca. 20 bis 25 Minuten.

Käsestangerln aus Weizenvollmehl

(Zutaten für 12–15 Stück, 988 kJ / 236 kcal / 2,5 BE pro Stück)

Zutaten

600 g Weizenvollmehl, 30 g Hefe, 1 Kaffelöffel Salz, 60 g Fett (Butter oder Margarine), ca. 3/8 l lauwarme Milch, Ei zum Bestreichen, geriebener Käse (Parmesan oder Emmentaler) und Kümmel zum Bestreuen.

Zubereitung

Das Mehl in eine Schüssel geben, Hefe einbröseln oder ein Dampfl (Vorteig) bereiten. Salz, zerlassenes Fett und lauwarme Milch zum Mehl geben und zu einem mittelfesten Teig verarbeiten. Den Teig gut durchkneten und an einem warmen Ort aufgehen lassen, bis sich das Volumen verdoppelt hat. Den Teig ausrollen und Dreiecke schneiden. Stangerln formen, die man auf ein befettetes Blech legt und ca. 15 Minuten aufgehen lässt. Mit zerklopftem Ei bestreichen, mit geriebenem Käse und Kümmel bestreuen. Im vorgeheizten Backrohr bei 210° C backen.

Backzeit: ca. 20 Minuten.

Käsestangerln

(Zutaten für 25 Stück, 814 kJ / 195 kcal / 4 BE pro Stück)

Zutaten

1 kg Weizenmehl, 40 g Hefe, 150 g geriebener Käse (Emmentaler oder Bergbaron), 1 gestrichener Esslöffel Salz, 80 g Margarine, ca. 1/2 l lauwarme Milch, 1 zerklopftes Ei zum Bestreichen, geriebener Käse und Kümmel zum Bestreuen.

Zubereitung

Das Mehl in eine Schüssel geben, Hefe einbröseln und mit dem Mehl vermischen. Salz, geriebenen Käse, lauwarme Milch und zerlassene Margarine dazugeben und zu einem Teig verarbeiten.

Den Teig gut durchkneten und zugedeckt aufgehen lassen, bis sich das Teigvolumen verdoppelt hat.

Aus dem Teig ca. 25 Stangerln formen. Diese lässt man auf einem befetteten Blech ca. 15 Minuten aufgehen. Kurz vor dem Backen mit zerklopftem Ei bestreichen, mit geriebenem Käse und Kümmel bestreuen. Im vorgeheizten Backrohr bei 200° C backen.

Backzeit: ca. 15 bis 20 Minuten.

Schusterweckerln

(Zutaten für 25 Stück, 521 kJ / 124 kcal / 2 BE pro Stück)

Zutaten

750 g Roggenmehl, 250 g Weizenmehl, 40 g Hefe, 1 gestrichener Esslöffel Salz, 1 bis 2 Esslöffel Brotgewürz (Kümmel, Fenchel, Anis, Koriander), ca. 3/4 l lauwarmes Wasser.

Zubereitung

Einen mittelfesten Brotteig bereiten, den man zugedeckt aufgehen lässt.
Wenn sich das Teigvolumen verdoppelt hat, den Teig in ca. 25 Stücke teilen und Weckerln formen.
Diese lässt man auf einem befetteten Blech nochmals kurz aufgehen.
Im vorgeheizten Backrohr bei 230° C backen.

Backzeit: ca. 20 bis 25 Minuten.

Semmeln mit Vollmehl

(Zutaten für 20 Stück, 982 kJ / 235 kcal / 3 BE pro Stück)

Zutaten

500 g Weizenvollmehl, 500 g Weizenmehl, 40 g Hefe, 1 gestrichener Esslöffel Salz, 120 g Fett, ca. 4/8 l Milch (eventuell 5/8 l), Ei zum Bestreichen.

Zubereitung

Einen mittelfesten Hefeteig bereiten, den man aufgehen lässt. Wenn sich das Teigvolumen verdoppelt hat, die Semmeln formen.
Vor dem Backen lässt man die geformten Semmeln ca. 10 Minuten aufgehen.
Mit zerklopftem Ei bestreichen und im vorgeheizten Backrohr bei 220° C backen.

Backzeit: ca. 15 bis 20 Minuten.

Zwiebelweckerln

(Zutaten für 25 Stück, 692 kJ / 166 kcal / 2,5 BE pro Stück)

Zutaten

500 g Roggenmehl, 500 g Weizenmehl, 40 g Hefe, 1 gestrichener Esslöffel Salz, 1 Esslöffel Brotgewürz (Kümmel, Fenchel, Anis, Koriander), ca. 5/8 l lauwarmes Wasser, 3 bis 4 Zwiebeln, etwas Öl oder Schweinefett.

Zubereitung

Die Zwiebeln mittelfein schneiden, in wenig Öl oder Schweinefett goldgelb anrösten und auskühlen lassen. Das Mehl in eine Schüssel geben, Hefe einbröseln und mit dem Mehl vermischen. Salz, Brotgewürz und die noch lauwarmen Zwiebeln dazugeben und mit dem Mehl vermischen. Das lauwarme Wasser dazugießen und einen mittelfesten Teig bereiten, den man gut durchknetet. Die Oberfläche glattstreichen und aufgehen lassen.

Wenn sich das Teigvolumen verdoppelt hat, ca. 25 Weckerln formen. Diese lässt man auf einem befetteten Blech ca. 15 Minuten aufgehen. Im vorgeheizten Backrohr bei 230° C backen.

Backzeit: ca. 20 Minuten.

Speckweckerln

(Zutaten für 20 Stück, 845 kJ / 202 kcal / 2,5 BE pro Stück)

Zutaten

500 g Roggenvollmehl, 500 g Weizenmehl, 40 g Hefe, 1 Teelöffel Salz, 1 Esslöffel Brotgewürz (Kümmel, Fenchel, Anis, Koriander), ca. 250 g Speck oder Schinken, ca. 1/2 l lauwarmes Wasser, Ei zum Bestreichen.

Zubereitung

Mehl in eine Schüssel geben, Hefe einbröseln und würzen. Den würfelig geschnittenen Speck oder Schinken zum Mehl geben.

Wasser dazugießen und daraus einen Teig bereiten, den man gut durchknetet und aufgehen lässt. Dann kleine Weckerln formen, die man auf ein befettetes Blech legt und noch einmal aufgehen lässt. Kurz vor dem Backen mit zerklopftem Ei bestreichen. Im vorgeheizten Backrohr bei 220° C backen.

Backzeit: ca. 25 Minuten.

Kürbiskernstangerln

(Zutaten für 20 Stück, 952 kJ / 228 kcal / 3 BE pro Stück)

Zutaten

1/2 kg Weizenvollmehl, 1/2 kg Weizenmehl, 40 g Hefe, 20 g Salz, 1 Esslöffel Brotgewürz, 200 g geriebene Kürbiskerne, ca. 5/8 l lauwarmes Wasser, Ei zum Bestreichen.

Zubereitung

Mehl in eine Schüssel geben. Mit der Hefe ein Dampfl (Vorteig) bereiten oder sie direkt in das Mehl bröseln.

Die restlichen Zutaten beimengen und daraus einen mittelfesten Hefeteig bereiten, bis sich sein Volumen verdoppelt hat.

Stangerln formen, auf ein befettetes Blech legen und ca. 15 Minuten lang aufgehen lassen. Mit zerklopftem Ei bestreichen und eventuell mit ganzen Kürbiskernen bestreuen. Im vorgeheizten Backrohr bei 210° C backen.

Backzeit: ca. 15 bis 20 Minuten.

Roggenfladen mit Kümmel

(Zutaten für 20 Stück, 536 kJ / 128 kcal / 2 BE pro Stück)

Zutaten

800 g Roggenmehl, 100 g Sauerteig, 1 Teelöffel Salz, 1 Esslöffel gemahlener Kümmel, ca. 3/8 bis 1/2 l lauwarmes Wasser, Kümmel zum Bestreuen.

Zubereitung

Sauerteig in etwas lauwarmem Wasser einweichen. Mehl in eine Schüssel geben und darin den aufgelösten Sauerteig eindampfeln, zudecken und einige Stunden bzw. über Nacht stehen lassen.

Mehl salzen, Kümmel dazugeben und vermischen. Wasser dazugießen und daraus einen Teig bereiten, den man gut durchknetet und zugedeckt aufgehen lässt. Fladen formen und auf einem befetteten Blech kurz aufgehen lassen. Dann mit lauwarmem Wasser bestreichen und mit Kümmel bestreuen. Im vorgeheizten Backrohr bei 220° C backen.

Backzeit: ca. 15 Minuten.

Bierweckerln

(Zutaten für 15 Stück, 714 kJ / 171 kcal / 3 BE pro Stück)

Zutaten

250 g Roggenmehl, 250 g Weizenmehl, 1 Kaffeelöffel Salz, 1 Esslöffel Brotgewürz (Kümmel, Fenchel, Anis, Koriander), 1 Päckchen Backpulver, 1/2 l Bier.

Zubereitung

Mehl in eine Schüssel geben. Backpulver, Salz und Brotgewürz dazugeben und mit dem Mehl vermischen. Das Bier dazugießen und mit den übrigen Zutaten verrühren. Aus dieser Masse ca. 15 Weckerln formen, die man sofort auf ein befettetes Blech gibt. Im vorgeheizten Backrohr bei 230° C backen.

Backzeit: ca. 15 bis 20 Minuten.

Brezeln

(Zutaten für 20 Stück, 699 kJ / 167 kcal / 2 BE pro Stück)

Zutaten

750 g Weizenmehl, 30 g Hefe, 1 Teelöffel Salz, 80 g Fett (Margarine), ca. 3/8 l Milch, Ei zum Bestreichen, Salz zum Bestreuen.

Zubereitung

Mehl in eine Schüssel geben. Hefe einbröseln und mit dem Mehl vermischen. Milch erwärmen, Fett zerlassen. Salz, lauwarme Milch und zerlassenes Fett beimengen. Einen ziemlich festen Teig bereiten, den man gut durchknetet und zugedeckt aufgehen lässt. Wenn sich sein Volumen verdoppelt hat, eine Rolle formen. Davon kleine Stücke schneiden, ausrollen und daraus Brezeln formen. Vor dem Backen lässt man diese noch ca. 10 Minuten lang aufgehen. Mit zerklopftem Ei bestreichen und mit Grobsalz bestreuen. Im vorgeheizten Backrohr bei 210° C backen.

Backzeit: ca. 10 bis 15 Minuten.

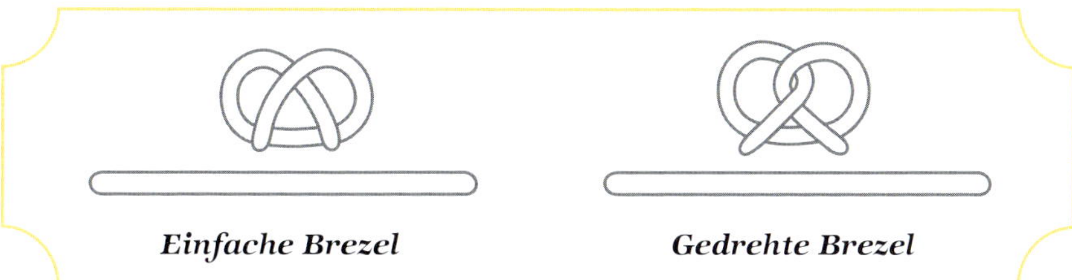

Dinkelweckerln mit Sesam und Leinsamen

(Zutaten für 20 Stück, 801 kJ / 191 kcal / 2,5 BE pro Stück)

Zutaten

500 g Roggenmehl, 500 g Dinkelvollmehl, 40 g Hefe, 1 Esslöffel Brotgewürz (Kümmel, Fenchel, Anis, Koriander), 1 gestrichener Esslöffel Salz, 50 g Sesam, 80 g Leinsamen, ca. 3/4 l lauwarmes Wasser.

Zubereitung

Mehl in eine Schüssel geben, Hefe einbröseln und mit dem Mehl vermischen. Die übrigen Zutaten dazugeben, einen mittelfesten Teig bereiten, den man gut durchknetet. Die Oberfläche glattstreichen und zugedeckt gehen lassen.
Wenn sich das Teigvolumen verdoppelt hat, kleine Weckerln formen. Diese lässt man auf einem befetteten Blech ca. 20 Minuten aufgehen. Im vorgeheizten Backrohr bei 230° C backen.

Backzeit: ca. 20 bis 25 Minuten.

Kornspitz

(Zutaten für 30 Stück, 574 kJ / 137 kcal / 2 BE pro Stück)

Zutaten

500 g Dinkelvollmehl, 500 g Roggenmehl, 4 Esslöffel Leinsamen, 4 Esslöffel Sesam, 1 gehäufter Esslöffel Brotgewürz (Kümmel, Fenchel, Anis, Koriander), 1 gestrichener Esslöffel Salz, 40 g Hefe, ca. 3/4 l lauwarmes Wasser, Sesam und Leinsamen zum Bestreuen.

Zubereitung

Das Mehl in eine Schüssel geben. Leinsamen, Sesam, Brotgewürz und Salz zum Mehl geben und vermischen. Hefe einbröseln und mit den übrigen Zutaten vermischen. Wasser dazugießen, dass ein mittelfester Teig entsteht. Den Teig gut durchkneten und die Oberfläche glatt streichen.

Wenn sich das Teigvolumen verdoppelt hat, den Teig in ca. 30 gleichmäßige Stücke teilen und daraus Stangerln formen.

Diese lässt man auf dem Blech ca. 10 Minuten aufgehen. Die Oberfläche der Stangerln mit lauwarmem Wasser bestreichen und mit Sesam und Leinsamen bestreuen. Im vorgeheizten Backrohr bei 230° C goldbraun backen.

Backzeit: ca. 20 Minuten.

Haidegger Spezialweckerln

(Zutaten für 25 Stück, 657 kJ / 157 kcal / 2 BE pro Stück)

Zutaten

500 g Dinkelvollmehl, 500 g Roggenmehl, 50 g Sesam, 50 g Leinsamen, 50 g Sonnenblumenkerne, 40 g Hefe, 1 gestrichener Esslöffel Salz, 1 Esslöffel Brotgewürz, ca. 3/4 l lauwarmes Wasser.

Zutaten

Mehl in eine Schüssel geben. Sesam, Leinsamen, Sonnenblumenkerne, Salz und Brotgewürz dazugeben und vermischen.

Hefe einbröseln, Wasser dazugießen bis ein mittelfester Teig entsteht. Teig gut durchkneten, Oberfläche glatt streichen.

Zugedeckt auf das doppelte Volumen aufgehen lassen. Aus dem Teig ca. 25 Weckerln formen. Die Oberfläche mit lauwarmem Wasser bestreichen und mit

Sesam, Leinsamen und Sonnenblumenkernen bestreuen. Die Weckerln ca. 10 Minuten aufgehen lassen. Im vorgeheizten Backrohr bei 230° C goldbraun backen.

Backzeit: ca. 20 Minuten.

Kürbiskernweckerln

(Zutaten für 20 Stück, 776 kJ / 186 kcal / 2,5 BE pro Stück)

Zutaten

750 g Roggenmehl, 250 g Weizenmehl, 100 g Kürbiskerne (grob gehackt), 40 g Hefe, 1 gestrichener Esslöffel Salz, 1 Esslöffel Brotgewürz, ca. 3/4 l lauwarmes Wasser.

Zubereitung

Mehl in eine Schüssel geben. Salz, Brotgewürz und Kürbiskerne zum Mehl geben und vermischen. Hefe einbröseln, Wasser dazugießen bis ein mittelfester Teig entsteht. Teig gut durchkneten, Oberfläche glatt streichen. Zugedeckt auf das doppelte Volumen aufgehen lassen.

Aus dem Teig ca. 20 Weckerln formen. Diese lässt man auf dem Blech ca. 10 Minuten aufgehen.

Die Oberfläche der Weckerln mit lauwarmem Wasser bestreichen und mit gehackten Kürbiskernen bestreuen. Im vorgeheizten Backrohr bei 230° C goldbraun backen.

Für die Teigbereitung könnte auch Sauerteig verwendet werden. Als Teiglockerungsmittel kommen dann 1 Esslöffel Sauerteig und 20 g Hefe dazu. Dadurch bekommt man noch saftigere Weckerln.

Backzeit: ca. 20 Minuten.

Weckerln mit Sonnenblumenkernen

(Zutaten für 20 Stück, 776 kJ / 186 kcal / 2,5 BE pro Stück)

Zutaten

750 g Roggenmehl, 250 g Weizenmehl, 100 g Sonnenblumenkerne, 40 g Hefe, 1 gestrichener Esslöffel Salz, 1 Esslöffel Brotgewürz, ca. 3/4 l lauwarmes Wasser.

Zubereitung

Mehl und Sonnenblumenkerne in eine Schüssel geben. Salz und Brotgewürz dazugeben und vermischen. Hefe einbröseln. Wasser dazugießen bis ein mittelfester Teig entsteht. Den Teig gut durchkneten. Die Oberfläche glatt streichen und zugedeckt auf das doppelte Volumen aufgehen lassen.
Aus dem Teig ca. 20 Weckerln formen, die man auf dem Blech ca. 10 Minuten aufgehen lässt. Die Oberfläche mit lauwarmem Wasser bestreichen und mit Sonnenblumenkernen bestreuen. Im vorgeheizten Backrohr bei 230° C goldbraun backen.

Backzeit: ca. 20 Minuten.

Müsliweckerln

(Zutaten für 25 Stück, 628 kJ / 150 kcal / 2 BE pro Stück)

Zutaten

250 g Roggenschrot, 300 g Dinkelvollmehl, 100 g Haferflocken, 150 g Haselnüsse, 100 g Rosinen, 50 g Cornflakes, 1 Teelöffel Salz, 40 g Hefe, evtl. 2 Esslöffel Honig bzw. Zucker, ca. 3/4 l lauwarmes Wasser.

Zubereitung

Roggenschrot, Dinkelvollmehl, Haferflocken, Haselnüsse, Rosinen und Cornflakes in eine Schüssel geben. Hefe einbröseln und vermischen.

Salz, evtl. Honig bzw. Zucker dazugeben, Wasser dazugießen. Alle Zutaten vermischen. Teig kurz durchkneten. Zugedeckt auf das doppelte Volumen aufgehen lassen.

Aus dem Teig ca. 25 Weckerln formen. Die Oberfläche mit lauwarmem Wasser bestreichen und mit Cornflakes und Haferflocken bestreuen. Die Weckerln auf dem Blech ca. 10 Minuten aufgehen lassen.

Im vorgeheizten Backrohr bei 230° C goldbraun backen.

Backzeit: ca. 15 bis 20 Minuten.

Brot und Gebäck für besondere Anlässe

Osterbrot

(Altes, überliefertes Rezept aus der Steiermark)

(Zutaten für 1 Laib, 22 371 kJ / 5 345 kcal / 62 BE pro Laib)

Zutaten

1 kg Weizenmehl, 30 g Hefe, ca. 4/8 l Milch, ca. 1/8 l Wein, 2 Gewürznelken, 1 Zimtrinde, 100 g Zucker, 20 g Salz, 140 g Fett (Schweineschmalz, Margarine, Butter), 1 Schuss Slibowitz, 1 Eiklar, 1 Ei, 1 Esslöffel Zucker zum Bestreichen.

Zubereitung

Mehl in eine Schüssel geben, Hefe eindampfeln. Den Wein mit der Hälfte des Zuckers, den Gewürznelken und der Zimtrinde kurz aufkochen. Den restlichen Zucker, das Salz und die lauwarme Milch mit dem Mehl vermischen. Den aufgekochten Wein lauwarm und den Schnaps dazugießen und kurz durchkneten. Schweineschmalz oder Margarine flaumig rühren und einkneten. Eiklar zu Schnee schlagen und unter den Teig kneten. Zugedeckt ca. 15 Minuten lang rasten lassen. Den Teig nochmals durchkneten und wieder ca. 15 Minuten aufgehen lassen. Einen Laib formen, den man auf einem befetteten Blech ca. 10 Minuten lang aufgehen lässt. 1 Ei zerklopfen und mit 1 Esslöffel gut vermischen. Kurz vor dem Backen die Oberfläche des Laibes mit diesem Ei-Zucker-Gemisch bestreichen.
Im vorgeheizten Backrohr bei 190° C backen.

Backzeit: ca. 1 bis 1 1/2 Std.

Allerheiligenstriezel

(Zutaten für 1 großen bzw. 2 kleinere Striezel, 25 147 kJ / 6 008 kcal / 72 BE gesamt)

Zutaten

1 kg Weizenmehl, 40 g Hefe, 100 g Zucker, 100 g Rosinen, 1 Teelöffel Salz, 4 Dotter, ca. 1/2 l Milch, 120 g Fett (Butter oder Margarine), Rum, Vanillezucker, Ei zum Bestreichen, Hagelzucker zum Bestreuen.

Zubereitung

Mehl in eine Schüssel geben. Zucker, Salz, Rosinen und Vanillezucker daruntermischen. Hefe einbröseln, Fett zerlassen, Milch erwärmen. Dotter mit der lauwarmen Milch versprudeln und mit Rum und dem zerlassenen Fett unter die übrigen Zutaten mischen. Daraus einen mittelfesten Teig bereiten, den man gut durchknetet und an einem warmen Platz aufgehen lässt. Wenn sich das Teigvolumen verdoppelt hat, Striezel formen und aufgehen lassen. Mit zerklopftem Ei bestreichen und mit Hagelzucker bestreuen. Bei 190° C backen.

Backzeit: ca. 3/4 Std.

Krampusse aus Hefe

(Zutaten für 12–15 Stück, 946 kJ / 226 kcal / 3 BE pro Stück)

Zutaten

500 g Weizenmehl, 20 g Hefe, 1 gestrichener Teelöffel Salz, 40 g Zucker, 80 g Fett (Margarine), 2 Eier, ca. 1/4 l Milch, Rum, Vanillezucker, Rosinen zum Verzieren, Ei zum Bestreichen.

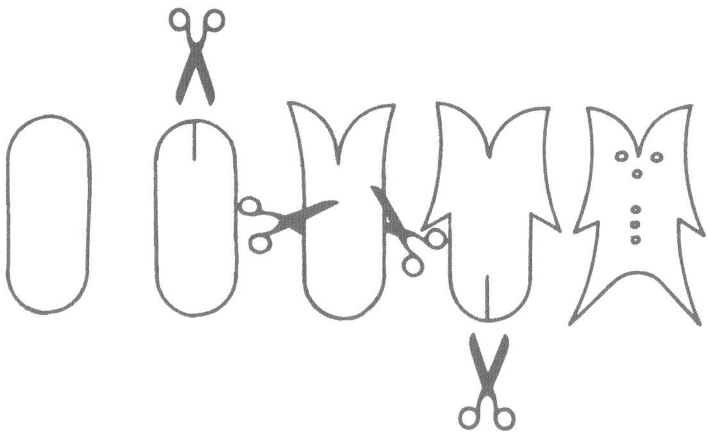

Zubereitung

Mehl in eine Schüssel geben. Hefe einbröseln oder ein Dampfl (Vorteig) bereiten. Milch erwärmen und Fett zerlassen. Salz, Zucker, Rum, Vanillezucker mit dem Mehl vermischen. Eier zerklopfen und mit der lauwarmen Milch versprudeln. Die restlichen Zutaten zum Mehl geben und daraus einen mittelfesten Teig bereiten, gut durchkneten und zugedeckt aufgehen lassen. Wenn sich das Teigvolumen verdoppelt hat, Krampusse formen.

Den Teig in 12 bis 15 gleichmäßige Stücke teilen und ca. 15 cm lange Rollen formen. Mit der Schere oben leicht einzwicken, das sind die Hörner. Seitlich ca. 2 cm und unten ca. 3 cm tief einschneiden, das ergibt Arme und Beine. Mit Rosinen verzieren (Augen, Mund, evtl. Knöpfe) und ca. 10 Minuten aufgehen lassen. Mit zerklopftem Ei bestreichen. Im vorgeheizten Backrohr bei 210° C backen.

Backzeit: ca. 15 Minuten.

Kletzenbrot

(Zutaten für 3 Kastenbrote, 12 006 kJ / 2 868 kcal / 41 BE pro Kastenbrot)

Zutaten

800 g Roggenmehl, 400 g Weizenmehl, 400 g Dörrzwetschken oder -pflaumen, 300 g Dörrbirnen, 300 g Feigen, 150 g Walnüsse oder Haselnüsse, 150 g Rosinen, 2 Esslöffel Sauerteig, 80 g Hefe, 1 Teelöffel Salz, 2 P. Vanillezucker, 1/8 l Rum, 1 Esslöffel Zimt, 1 Esslöffel Lebkuchengewürz, ca. 1 1/2 l lauwarmes Wasser (insgesamt).

Zubereitung

Dörrzwetschken, Dörrbirnen und Feigen mittelfein schneiden. Die geschnittenen Früchte sowie die Rosinen mit Vanillezucker, Rum und 1/2 l warmem Wasser vermischen. Mehl in eine Schüssel geben. Den Sauerteig auflösen, in das Mehl eindampfeln und über Nacht oder einige Stunden zugedeckt stehen lassen – ebenso die angesetzten Früchte. Nüsse, Salz, Zimt und Lebkuchengewürz zum Mehl geben. Hefe zum Sauerteig einbröseln. Alle Zutaten vermischen, Wasser nach Bedarf dazugießen und daraus einen mittelfesten Teig bereiten – Vorsicht bei der Flüssigkeitsmenge! Der Teig gerät durch die eingeweichten Früchte leicht zu weich. Die Oberfläche des Teiges glatt streichen. Zugedeckt aufgehen lassen. Wenn sich das Volumen verdoppelt hat, drei Kastenbrote formen. Diese lässt man ca. 3/4 Std. aufgehen.

Im vorgeheizten Backrohr anfangs bei 210° C backen. Nach ca. 20 bis 30 Minuten, sobald das Brot an der Oberfläche eine braune Farbe hat, auf 180° C zurückschalten.

Sofort nach dem Backen aus der Kastenform geben und die Oberfläche der Brote mit Zuckerwasser bestreichen.

Backzeit: ca. 1 1/2 Std.

Weizenvollmehlstriezel

(Zutaten für 1 Striezel, 20 288 kJ / 4 848 kcal / 58 BE pro Striezel)

Zutaten

500 g Weizenvollmehl, 500 g Weizenmehl, 40 g Hefe, 1 gestrichener Teelöffel Salz, 40 g Zucker, Vanillezucker, Rum, 2 Eier, 100 g Fett (Margarine oder Schweineschmalz), ca. 1/2 l Milch, Milch oder Ei zum Bestreichen.

Zubereitung

Mehl in eine Schüssel geben, Hefe einbröseln oder ein Dampfl (Vorteig) bereiten. Salz, Zucker, Vanillezucker und Rum mit dem Mehl vermischen. Fett zerlassen und Milch erwärmen. Eier mit etwas lauwarmer Milch versprudeln und zum Mehl geben.

Die restliche Milch und das zerlassene Fett mit den übrigen Zutaten zu einem mittelfesten Teig verarbeiten, der gut durchgeknetet wird. Zugedeckt aufgehen lassen, bis sich sein Volumen verdoppelt hat. Einen Striezel flechten (Sechser- oder Viererstriezel). Auf ein befettetes Backblech legen und ca. 20 Minuten aufgehen lassen. Kurz vor dem Backen mit lauwarmer Milch oder mit zerklopftem Ei bestreichen. Im vorgeheizten Backrohr bei 190° C backen.

Bei diesem Striezel könnte auch nur Vollmehl verwendet werden, es wäre jedoch möglich, dass sich der Teig dann schwerer verarbeiten lässt, z. B. beim Flechten bricht oder dass der Striezel beim Backen springt.

Backzeit: ca. 45 Minuten. Diese Teigmenge reicht auch für zwei kleinere Striezel. Die Backzeit verkürzt sich dann um ca. 5 bis 10 Minuten.

Sandwichwecken

(Zutaten für 2 Wecken, 4 817 kJ / 1 151 kcal / 13 BE pro Wecken)

Zutaten

1/2 kg Weizenmehl, 20 g Hefe, 1 Kaffeelöffel Salz, 60 g Fett (Butter, Margarine oder Schweinefett), ca. 2/8 bis 3/8 l lauwarme Milch.

Zubereitung

Mehl in eine Schüssel geben. Hefe einbröseln und mit dem Mehl vermischen. Salz, zerlassenes Fett und lauwarme Milch dazugeben und zu einem mittelfesten Teig verarbeiten.

Den Teig gut durchkneten und zugedeckt aufgehen lassen. Wenn sich das Teigvolumen verdoppelt hat, den Teig halbieren. Jede Hälfte rechteckig auswalken und einrollen, sodass zwei dünne Wecken entstehen. Diese legt man auf ein befettetes Blech und lässt sie ca. 1/2 Std. aufgehen. Kurz vor dem Backen die Wecken mit lauwarmer Milch oder zerklopftem Ei bestreichen. Im vorgeheizten Backrohr bei 190° C backen.

Backzeit: ca. 30 Minuten.

Partystern

(Zutaten für 1 Stern, 8 249 kJ / 1 971 kcal / 21 BE pro Stern)

Zutaten

400 g Weizenmehl, 20 g Hefe, 1 Kaffeelöffel Salz, 1 Kaffeelöffel Brotgewürz (Kümmel, Fenchel, Anis, Koriander), 60 g Margarine oder Butter, 1/4 l lauwarme Milch, zerklopftes Ei zum Bestreichen, Mohn, Sesam, evtl. Leinsamen zum Bestreuen.

Zubereitung

Das Mehl in eine Schüssel geben, die Hefe einbröseln und mit dem Mehl vermischen. Die restlichen Zutaten dazugeben und daraus einen mittelfesten Teig bereiten, den man gut durchknetet. Zugedeckt lässt man den Teig aufgehen, bis sich das Volumen verdoppelt hat.

Den Teig in 13 gleich große Stücke teilen. Aus einem Teigstück ein Laibchen formen. Dieses legt man in die Mitte eines befetteten Bleches. Jedes der zwölf restlichen Teigstücke ca. 40 cm lang ausrollen und zu einer Schnecke formen (die beiden Enden in entgegengesetzter Richtung einrollen).

Um das geformte Laibchen legt man die zwölf Schnecken, sodass der Kreis geschlossen ist. Den geformten Stern lässt man ca. 15 Minuten aufgehen. Kurz vor dem Backen mit zerklopftem Ei bestreichen und mit Sesam, Mohn und evtl. Leinsamen bestreuen. Im vorgeheizten Backrohr bei 200° C backen.

Backzeit: ca. 20 Minuten.

Gefüllte Kipferln mit Vollmehl

(Zutaten für ca. 30 Stück, 760 kJ / 182 kcal / 2,5 BE pro Stück)

Zutaten

1/2 kg Weizenvollmehl, 1/2 kg Weizenmehl, 40 g Hefe, 1 gestrichener Esslöffel Salz, 100 g Zucker, 4 Dotter, Rum, Vanillezucker, 120 g Butter oder Margarine, ca. 1/2 l lauwarme Milch.

Fülle: Marmelade, Nuss-, Mohn- oder Topfenfülle.

Zubereitung

Aus den angeführten Zutaten einen mittelfesten Hefeteig bereiten. Diesen lässt man zugedeckt aufgehen, bis sich das Teigvolumen verdoppelt hat. Dann wer-

den die Kipferln geformt. Man rollt den Teig rechteckig aus. Mit dem Teigrad werden Quadrate ausgeradelt. Darauf gibt man die Fülle und formt dann die Kipferln, indem man die Quadrate von einer Ecke her (diagonal) einrollt. Bei der zweiten Variante wird der Teig in ca. 30 gleich große Stücke geteilt. Mit dem Nudelwalker wird von jedem Stück eine längliche „Zunge“ ausgerollt. Darauf gibt man an einem Ende die Fülle und formt die Kipferln. Anschließend lässt man sie auf einem befetteten Blech ca. 15 Minuten aufgehen. Kurz vor dem Backen werden die Kipferln mit zerklopftem Ei bestrichen. Im vorgeheizten Backrohr bei 220° C backen.
Will man keine Vollmehlkipferln, so wird das Vollmehl durch Auszugsmehl ersetzt (man benötigt dann insgesamt 1 kg Weizenmehl).

Backzeit: ca. 15 bis 20 Minuten.

Gefüllte Schnecken

(Zutaten für ca. 12 Stück, 1275 kJ/305 kcal/4 BE pro Stück)

Zutaten

1/2 kg Weizenmehl, 20 g Hefe, 60 g Butter oder Margarine, 1 Kaffeelöffel Salz, 3 Esslöffel Zucker, 2 Dotter, Rum, Vanillezucker, ca. 1/2 l lauwarme Milch, 1 zerklopftes Ei oder lauwarme Milch zum Bestreichen.
Fülle: Marmelade, Nuss-, Mohn- oder Topfenfülle.

Zubereitung

Aus den angeführten Zutaten einen mittelfesten Hefeteig bereiten, den man zugedeckt aufgehen lässt. Wenn sich das Teigvolumen verdoppelt hat, die Schnecken formen. Dazu wird der Teig rechteckig ausgerollt und mit der gewünschten Fülle (Nuss-, Mohn- oder Topfenfülle oder Marmelade) bestrichen.

Den Teig von einer Seite einrollen. Von dieser Rolle schneidet man ca. 1 1/2 cm dicke Scheiben ab. Die Schnecken legt man auf ein befettetes Blech und lässt sie ca. 1/4 Std. aufgehen.
Kurz vor dem Backen mit lauwarmer Milch oder zerklopftem Ei bestreichen. Im vorgeheizten Backrohr bei 210° C backen.
Wenn Vollmehlschnecken bevorzugt werden, so kann das Weizenmehl zum Teil oder ganz durch Weizenvollmehl ersetzt werden.

Backzeit: ca. 15 bis 20 Minuten.

Topfentascherln aus Hefeteig

(Zutaten für ca. 25 Stück, 756 kJ / 181 kcal / 2 BE pro Stück)

Zutaten

1/2 kg Weizenmehl, 20 g Hefe, 1 Kaffeelöffel Salz, 3 Esslöffel Zucker, 2 Eier, 60 g Butter oder Margarine, Rum, Vanillezucker, ca. 1/4 l lauwarme Milch, Topfenfülle.

Zubereitung

Aus den angeführten Zutaten einen mittelfesten Hefeteig bereiten. Zugedeckt lässt man ihn aufgehen.
Wenn sich das Volumen verdoppelt hat, wird der Teig ausgeformt. Den Teig auf einem bemehlten Nudelbrett bzw. auf der bemehlten Arbeitsfläche rechteckig ausrollen und Quadrate ausradeln. In die Mitte dieser Quadrate gibt man die Topfenfülle. Die vier Enden werden zusammengedrückt, sodass die Fülle nicht herauskommt. Auf einem befetteten Blech lässt man die Tascherln ca. 15 Minuten aufgehen. Kurz vor dem Backen werden die Tascherln noch mit zerklopftem Ei bestrichen. Im vorgeheizten Backrohr bei 220° C backen.

Will man die Tascherln mit Vollmehl bereiten, so kann die Hälfte des Weizenmehls oder das ganze Weizenmehl durch Vollmehl ersetzt werden.

Backzeit: ca. 15 bis 20 Minuten.

Nusskronen mit Dinkelvollmehl

(Zutaten für ca. 12–15 Stück, 875 kJ / 209 kcal / 2,5 BE pro Stück)

Zutaten

250 g Weizenmehl, 250 g Dinkelvollmehl, 20 g Hefe, 1 Kaffeelöffel Salz, 3 Esslöffel Zucker, 2 Dotter, 60 g Butter oder Margarine, Rum, Vanillezucker, ca. 1/4 l lauwarme Milch.

Zubereitung

Aus den angeführten Zutaten einen mittelfesten Hefeteig bereiten. Zugedeckt aufgehen lassen, bis sich das Teigvolumen verdoppelt hat. Den Teig auf einem bemehlten Nudelbrett bzw. auf einer bemehlten Arbeitsfläche ausrollen und Quadrate ausradeln. Nussfülle in die Mitte der Quadrate geben. Das untere Ende zur Mitte einschlagen, das obere Ende ebenfalls zur Mitte hin darüberlegen und festdrücken. Mit einem Messer auf der unteren Seite einige Male einschneiden. Die Kronen auf ein befettetes Blech legen und ca. 15 Minuten aufgehen lassen. Kurz vor dem Backen mit einem zerklopften Ei bestreichen. Im vorgeheizten Backrohr bei 210° C backen.

Backzeit: ca. 15 bis 20 Minuten.

Mohn- bzw. Nussfülle

(6 001 kJ / 1 433 kcal / 15 BE)

Zutaten

1/8 l Milch, 4 Esslöffel Zucker, 100 g geriebener Mohn bzw. geriebene Nüsse (Wal- oder Haselnüsse), 1 Esslöffel Brösel, Vanillezucker, Rum, 50 g Rosinen.

Zubereitung

Milch und Zucker kurz aufkochen. Geriebene Nüsse bzw. geriebenen Mohn, Brösel, Rosinen und Vanillezucker dazugeben und unter Rühren kurz aufkochen. Zum Schluss noch einen Schuss Rum beifügen und die Fülle auskühlen lassen.

Topfenfülle

(6 932 kJ / 1 654 kcal / 14 BE)

Zutaten

50 g Butter oder Margarine, 80 g Staubzucker, 1 Esslöffel Vanillepuddingpulver, 1 Dotter, 50 g Rosinen, 250 g Topfen, Rum, Vanillezucker, Zitronensaft, evtl. etwas Milch oder Rahm.

Zubereitung

Butter oder Margarine abtreiben. Staubzucker und Dotter dazugeben und mit der Butter bzw. Margarine einen Abtrieb bereiten. Passierten Topfen, Rosinen, Vanillezucker, Rum und Zitronensaft beifügen und gut vermischen. Wenn die Fülle zu fest ist, kann man noch etwas Milch oder Rahm einrühren.

Brioche-Kipferln aus feinem Hefeteig

(Zutaten für ca. 10 Stück, 1 775 kJ / 424 kcal / 4 BE pro Stück)

Zutaten

500 g Weizenmehl, 100 g Zucker, 40 g Hefe, 1 Kaffeelöffel Salz, 3 Dotter, 100 g Butter, ca. 1/4 l lauwarme Milch, 100 g Butter zum Einkneten, 1 Ei zum Bestreichen, Hagelzucker zum Bestreuen.

Zubereitung

Das Mehl in eine Schüssel geben. Hefe einbröseln und mit dem Mehl vermischen. Butter zerlassen. Zucker und Salz zum Mehl geben. Dotter mit der lauwarmen Milch versprudeln und zum Mehl geben. Die zerlassene Butter mit den übrigen Zutaten vermischen. Den Teig durchkneten und über Nacht kühl stellen. Am nächsten Tag 100 g kalte, geriebene Butter in den Teig einkneten. Den Teig wieder kühl stellen und gehen lassen. Kipferln formen und auf einem Blech gehen lassen. Mit zerklopftem Ei bestreichen und mit Hagelzucker bestreuen. Im vorgeheizten Backrohr bei 220° C goldgelb backen.

Backzeit: ca. 15 bis 20 Minuten.

Nuss- bzw. Mohnpotizze

(Zutaten für 2 Stück, 10 069 kJ / 2 405 kcal / 27 BE pro Stück)

Zutaten

600 g Weizenmehl, 30 g Hefe, 1 Teelöffel Salz, 60 g Zucker, Vanillezucker, Rum, 2 Dotter, 80 g Butter (Margarine), 3/8 l lauwarme Milch.

Fülle: Nuss- oder Mohnfülle.

Zubereitung

Aus den Zutaten einen mittelfesten Hefeteig bereiten. Zugedeckt auf das doppelte Volumen aufgehen lassen. Nuss- oder Mohnfülle bereiten. Den Teig rechteckig ausrollen und mit der ausgekühlten Fülle bestreichen. Den Teig auf beiden Seiten zur Mitte einrollen. Die Rolle halbieren und mit der unteren Seite nach oben in zwei gut befettete Kastenformen geben. An einem warmen Ort lässt man die zwei Potizzen 20 bis 30 Minuten aufgehen. Die Oberfläche mit zerklopftem Ei bestreichen.
Im vorgeheizten Backrohr bei 190° C backen. Nach dem Backen sofort aus den Kastenformen geben und langsam auskühlen lassen.
Soll eine Vollkornpotizze gebacken werden, dann kann das Weizenmehl teilweise oder ganz durch Weizen- oder Dinkelvollmehl ersetzt werden.
Um ein Abheben der Rinde zu vermeiden, soll die Oberfläche der Potizze vor dem Backen mit einer Gabel angestochen werden.

Backzeit: ca. 45 Minuten.

Kranzkuchen

(Zutaten für 1 Stück, 20 623 kJ / 4 927 kcal / 66 BE pro Stück)

Zutaten

700 g Weizenmehl, 40 g Hefe, 1 Teelöffel Salz, 80 g Zucker, Vanillezucker, Rum, 3 Dotter, 80 g Butter (Margarine), ca. 3/8 l lauwarme Milch.
Fülle: Nuss- oder Mohnfülle bzw. Zimt und Zucker.
Glasur: 100 g Staubzucker, 3 Esslöffel Rum oder heißes Wasser.

Zubereitung

Aus den Zutaten einen mittelfesten Hefeteig bereiten. Zugedeckt auf das doppelte Volumen aufgehen lassen. Den Teig dritteln. Jedes Drittel zu einem länglichen

Rechteck ausrollen, mit Fülle bestreichen und einrollen. Aus diesen drei Rollen flicht man einen Zopf, den man auf einem Blech zu einem Kranz legt (Anfang und Ende des Zopfes gut zusammendrücken).
Diesen Kranz lässt man 20 bis 30 Minuten aufgehen. Die Oberfläche mit zerklopftem Ei bestreichen. Im vorgeheizten Backrohr bei 190° C goldgelb backen.
Für die Glasur Staubzucker und Flüssigkeit kurz glatt verrühren. Sofort nach dem Backen mit der Zuckerglasur bestreichen. Falls die Zuckerglasur nicht trocknet, den Kranzkuchen kurz in das noch warme Backrohr stellen.

Backzeit: ca. 40 bis 45 Minuten.

Kärntner Reindling

(Zutaten für 1 Stück, 14 749 kJ / 3 524 kcal / 45 BE pro Stück)

Zutaten

1/2 kg Weizenmehl, 30 g Hefe, 1 Teelöffel Salz, 50 g Zucker, 2 Dotter, Vanillezucker, Rum, ca. 1/4 l lauwarme Milch.
Fülle: 80 g zerlassene Butter, 50 bis 100 g Rosinen, 100 g Zucker, Zimt.

Zubereitung

Aus den angeführten Zutaten einen mittelfesten Hefeteig bereiten. Zugedeckt auf das doppelte Volumen aufgehen lassen. Den Teig rechteckig ausrollen und mit der zerlassenen Butter bestreichen. Mit Zucker, Zimt und Rosinen bestreuen. Den Teig einrollen. Diese Rolle in eine gut befettete Guglhupf- oder Kastenform legen. An einem warmen Ort 20 bis 30 Minuten aufgehen lassen. Die Oberfläche mit einem zerklopften Ei bestreichen. Im vorgeheizten Backrohr bei 190° C backen.

Backzeit: ca. 45 bis 50 Minuten.

Anhang

Begriffserklärungen

Dampfl	= Vorteig
Eindampfeln	= aufgelösten Sauerteig durchseihen und mit etwas Mehl klumpenfrei verrühren
Einschießen	= das Hineingeben des geformten, aufgegangenen Brotes in den vorgeheizten Backofen bzw. in das vorgeheizte Backrohr
Germ	= Hefe
Kletzen	= getrocknete Birnen (österr.)
Kletzenbrot	= Brot aus Dörrbirnen und anderem Dörrobst; österr. Spezialität
Weitling	= Schüssel aus Metall oder Kunststoff (wird nach oben hin weiter)

Mengen und Gewichte (dag = Dekagramm)

Maße:

1 kg	=	1 000 g	=	100 dag
3/4 kg	=	750 g	=	75 dag
1/2 kg	=	500 g	=	50 dag
1/4 kg	=	250 g	=	25 dag
1/8 kg	=	125 g	=	12,5 dag
		10 g	=	1 dag

Löffelmaße:

1 gestrichener Esslöffel Salz	=	20 g	=	2 dag
1 Kaffeelöffel Salz	=	10 g	=	1 dag
1 Esslöffel Zucker	=	20 g	=	2 dag
1 gehäufter Esslöffel Brotgewürz	=	20 g	=	2 dag
1 gehäufter Kaffeelöffel Brotgewürz	=	10 g	=	1 dag

Hohlmaße:

1 l Wasser bzw. Milch	=	10 dl	=	1 000 g
1/2 l Wasser	=	5 dl	=	500 g
1/4 l Wasser	=	2,5 dl	=	250 g
1/8 l Wasser	=	1,25 dl	=	125 g

Bezugsquellen

Firma Rolf Blöchle
Teigwarengeräte
Oberes Dorf 31
D-72175 Dornhan-M'Zimmern
Tel.: (0 74 55) 914 62 50
Fax: (0 74 55) 914 62 51
E-Mail: bloechle@t-online.de
Händler für verschiedene Hersteller.
Holz- und Elektrobacköfen, Teigknetmaschinen, Geräte und Zubehör

Karl-Heinz Häussler GmbH
In der Vorstadt
D-88499 Heiligkreuztal bei Riedlingen
Tel.: (0 73 71) 70 62
Fax: (0 73 71) 93 77 40
Internet: www.haeussler-gmbh.de
Holz- und Elektrobacköfen,
Getreidemühlen, Geräte und Zubehör,
Backkurse

Hilgey-Maschinen
Frau Hildegard Geyer
Mühlbergstraße 7
D-86747 Maihingen
Tel.: (0 90 87) 457
oder (0 90 81) 2 36 34
Fax: (0 90 87) 12 57
Brotbacköfen, Getreidemühlen,
Teigknetmaschinen, Zubehör

Heinz Manz GmbH
Backofenfabrik
Münster 124
D-97993 Creglingen-Münster
Tel.: (0 79 33) 91 40 0
Fax: (0 79 33) 91 40 73
E-Mail: info@der-manz.de
Internet: www.der-manz.de
Elektrobacköfen für Normküchen

Wolfgang Oberacker
Natur & Technik
Gellertstraße 12
D-76344 Eggenstein
Tel.: (0 72 47) 96 30 90
Fax: (0 72 47) 96 30 91
E-Mail: Oberackerw@aol.com
Internet: members.aol.com/oberackerw
Holzbrotbacköfen, Bausätze,
Backkurse

Pasta-Noris
Otto Dursch
Elsa-Brandström-Straße 68
D-90431 Nürnberg
Tel.: (09 11) 65 14 58
Fax: (09 11) 61 65 96
E-Mail: info@pastanoris.de
Internet: www.pastanoris.de
Händler für verschiedene Hersteller.
Holz- und Elektrobacköfen, Getreidemühlen, Knetmaschinen, Backgeräte,
Zubehör (Sauerteig, Gewürze u. a.)

Schnitzer OHG
Feldbergstraße 11
D-78106 St. Georgen
Tel.: (0 77 24) 94 32 0
Fax: (0 77 24) 94 32 20
Internet: www.schnitzer-vollwert.de
Getreidemühlen, Backgeräte

Das Geheimnis des feinen Backens.
Fini's Feinstes
ROGGEN
VOLLKORNMEHL
Der feine Unterschied